Zimmerschied: Eine Oase im Grünen

Zimmerschied:
Eine Oase im Grünen

Joke Frerichs

Bibliographische Informationen der Bibliothek:
Die Deutsche Bibliothek verzeichnet diese Publikation in der Deutschen Nationalbibliographie; detaillierte Informationen sind im Internet über http://dnb.ddb.de
abrufbar.

2. Auflage

Herstellung und Verlag: BoD - Books on Demand,
Norderstedt
ISBN 978-3754-3565-24

Seit langem trugen wir uns mit dem Gedanken, ein Domizil im Grünen zu erwerben. Zum Ausspannen, Natur erleben. Ruhe finden. All die Dinge, die in einer großen Stadt immer schwieriger zu realisieren sind. Wir beauftragten einen Makler, uns Angebote zu schicken. Eines Tages traf eine Sammlung schlechter Kopien bei uns ein. Die Häuser darauf waren kaum zu erkennen – meist sah man nur dunkle Flecken und konnte ein Gebäude samt Umgebung mehr erahnen als sehen. Gleichwohl: Wir verabredeten uns mit dem Makler, um ein Objekt in Augenschein zu nehmen: in *Zimmerschied*. Wir hatten nie von einem Ort dieses Namens gehört. Es war Ende Januar und hatte geschneit. Die Fahrt kam uns sehr lange vor. Am Schluss fuhren wir auf einer kleinen Stichstraße wie durch ein Märchenland. Ringsherum Wald und Schnee. Wie *Schneewittchen hinter den sieben Bergen* kam es uns vor. Wir wussten nicht so recht, was uns erwartet. Wir fuhren ein stückweit in den Ort hinein und dann rauf zum Friedhof. Das Tor zum Grundstück war verschlossen. Der Makler musste von den Besitzern *Angelika* und *Wolfgang Gellner*, die damals noch die Gaststätte führten, den Schlüssel holen, so dass wir Zeit hatten, uns umzusehen. Wir schauten auf das Grundstück mitsamt den schneebedeckten Tannen. Es war wirklich wie in einem Märchen. Ein kleines Haus, etwas außerhalb des Dorfes gelegen: winterfest und mit Strom und Wasser versorgt. Wir sagten dem Makler noch am selben Tag zu. Es war eine der glücklichsten Entscheidungen unseres Lebens.

In der Dorfchronik hieß es: *Das Dorf ist das kleinste von allen umliegenden Orten, mit unter hundert Einwohnern. Die Dörfler haben es bis heute verstanden, sich dem hektischen Treiben der Zivilisationsgesellschaft weitestgehend zu entziehen. Man lebt hier nach wie vor gut und geruhsam.*

Genau das, was wir uns vorgestellt hatten: Der Ort hat keine Durchgangsstraße. Kein Geschäft. Keine Schule. Nicht einmal eine Kirche. Anfangs gab es noch die Gaststätte, wo man gut essen konnte.
Einmal wöchentlich wurde das Dorf mit Lebensmitteln beliefert. Das heißt: nur noch zwei oder drei Kunden außer uns nahmen die Dienste dieses mobilen Lebensmittelladens in Anspruch. Aber man konnte in Welschneudorf, dem nächstgelegenen Ort, einkaufen: beim *Best*. Eine Art Tante-Emma-Laden, wo man so ziemlich alles bekam. Und dort gab es auch den besten Metzger, den man sich wünschen konnte: *Lehmler*.

*

Wie viel Zeit haben wir seither in unserem kleinen Domizil verbracht? Wie viele Stunden draußen gesessen? Die gute Luft genossen. An warmen Sommerabenden die Sternschnuppen gezählt. Das Leben der Tiere beobachtet. Vom Wintergarten aus das Schauspiel des Sonnenaufgangs gesehen; abends die untergehende Sonne. Manchmal verfärbte sich der ganze Horizont: rot, rosa, hellblau, violett; wir konnten uns nicht satt sehen daran.

Wie viele tausend Kilometer mögen wir in all den Jahren gewandert sein. Wenn es das Wetter zuließ, waren wir täglich unterwegs. Wenn nicht zu Fuß, dann mit dem Fahrrad. Und anfangs, als es noch richtige Winter gab, sogar mit den Langlauf-Skiern. All das war hier möglich. Für uns war es die ideale Ergänzung zum hektischen Leben in der Stadt.

*

Ich bin im Laufe der Jahre oft allein hier gewesen, weil ich hier in Ruhe arbeiten und schreiben konnte. Bis 2000 waren es Texte im Zusammenhang mit meiner wissenschaftlichen Tätigkeit; gleich 1987 schrieb ich mein erstes Buch über *Arbeitszeitpolitik* hier; hinzu kamen Forschungsberichte, Aufsätze, Vorträge und natürlich weitere Bücher. Im Institut wusste man, dass ich in Zimmerschied nicht gestört werden wollte; nur in dringenden Fällen. Meistens hielt man sich daran. Nach Beendigung meiner beruflichen Tätigkeit schrieb ich nur noch literarische Texte: fast alle habe ich in Zimmerschied geschrieben: Romane, Gedichte, Essays und Artikel für Blogs.

Vieles habe ich auch in Form von Tagebuch-Notizen festgehalten. Ein Beispiel:
Ich sitze auf der Bank unter der Linde und sehe auf den Ort. Die Häuser lehnen aneinander, als müssten sie sich gegenseitig stützen. Heiß und still liegt die Dorfstraße da. Sie kann nicht weglaufen, weil die Häuser sie bei Tag und Nacht bewachen. Von der Dorfstraße führt eine kleine Nebenstraße in den unteren Teil des Dorfes. Und so eng die Gasse auch sein mag, so wird doch jedes Haus an diesem Sommertag von ein wenig Sonne beschienen. Selbst die Steine scheinen zu lächeln. Windstill ist es, als ob man den Atem angehalten hätte. Keine Wolke am Himmel. Es gibt solche Tage, so hell, so weit, so still. Es geht auf Mittag zu. Die Häuser stehen noch immer wie eingeschlafene Posten da. Ich habe das Gefühl, angekommen zu sein.

*

Das Dorf ist von Wäldern umgeben. Mischwald. Wenn ich anfangs allein unterwegs war, vernahm ich nur ein diffuses Rauschen im Wald. Im Laufe der Zeit lernte ich genauer hinzuhören. Zum ersten Mal erlebte ich bewusst den Wechsel der Jahreszeiten. Eine jede mit ihren eigenen Reizen. Schon im März ertönt der Gesang der Vögel. Jedoch: der Frühling ist erst vollends angekommen, sobald die Rufe des Kuckucks zu hören sind; seit Jahren nahezu auf den Tag genau in der dritten Aprilwoche.

An milden Sommerabenden sitzen wir auf unserer Bank und erwarten das allabendliche Schauspiel: Am Horizont geht die Sonne unter. Der Himmel verfärbt sich. Die Vögel verstummen allmählich. Bald tauchen die ersten Fledermäuse auf. Wie trunken fliegen sie kreuz und quer. Dann schwärmen die Siebenschläfer aus. Ihre Signale sind weithin zu hören. In den Büschen ein erstes Aufleuchten der Glühwürmchen. Es sind die Weibchen, die nicht fliegen können. Sie erwarten ihre in der Sommerluft tänzelnden Bewerber. Am Himmel die ersten Sterne. Mit dem aufziehenden Mond verfärbt sich die Landschaft noch einmal und wird von einem silbrigen Grauton überzogen. Ein geheimnisvolles Schweigen liegt über dem Land, als würde die Welt den Atem anhalten. Wir sitzen und schauen und vergessen die Zeit.

Ich bevorzuge den Spätsommer, wenn die Natur zur Ruhe kommt und allmählich in einen sanften Schlummer übergeht. An den letzten milden Oktobertagen, wenn die tief stehende Sonne den Herbstwald in warme Farben eintaucht, wirkt das gedämpfte Licht wie ein Zauber. Zuweilen beobachte ich ein nieder schaukelndes Herbstblatt, als wollte es sich zieren, seine Lebensbahn hier und jetzt zu beenden. Es ist ein ganzes Jahr, das da herabsinkt. Die letzten Kraniche ziehen vorüber; wir schauen ihnen wehmütig nach und wünschen ihnen eine gute Heimkehr. Dann weiß ich: Jetzt beginnen sie, die Tage, die überfließen vor Zeit. Die Tage der Besinnung und des Lesens.

*

Auf meinen Wanderungen durch die Wälder der Umgebung kenne ich nahezu jeden Weg und die schönsten Plätze. Ich nenne sie meine poetischen Orte. Ich setze mich auf einen Baumstumpf und überlasse mich ganz der Situation. Es ist ein Sichverlieren. Ich schnappe förmlich nach Wörtern für meine Eindrücke, Gefühle, Gedanken. Mir ist, als würde ich mir aus ihnen ein flüchtiges Zuhause zimmern, in dem ich mich eine zeitlang niederlasse. Ich schaue mir die Umgebung an und horche auf die Geräusche. Anfangs vernahm ich lediglich eine diffuse Klangfülle: mittlerweile unterscheide ich das Rauschen der Bäume; das Glucksen des mäandernden Baches; den Gesang der Vögel; das Summen der Bienen; das eintönige Gebrumm des fernen Verkehrs und der sich kreuzenden Fluglinien.

Meine poetischen Orte sind Stätten, an denen ich zu mir selbst finde. Es sind Orte des Nachdenkens und der Stille. Alles beginnt mit einem Staunen. Ich habe mir angewöhnt, auf die Pflanzen zu achten, die den Wegrand säumen. Völlig unscheinbare und häufig übersehene sind darunter. Immer wieder schaue ich sie mir an. Wahre Wunderwerke: so bunt, so zart, so vielfältig. Im Laufe der Zeit entwickelte sich so etwas wie ein Aufmerksamkeitssinn für die kleinen und kleinsten Dinge. Je länger ich sie anschaue, desto sicherer bin ich mir, dass sie mich ebenfalls anschauen und mir etwas sagen möchten.

Ich liebe es, im Freien zu sitzen und zu lesen. Dann geschieht es, dass ein winziges Käferchen sich auf eine Buchseite setzt. Es läuft kreuz und quer, ohne Anstalten zu machen, wieder davonzufliegen. Ich nutze die Gelegenheit, es mir genauer zu betrachten: wie es gezeichnet ist und die Farbe verändert, sobald es sich zum Licht dreht; ich sehe die kleinen Fühler, die sich ständig neu ausrichten. Manchmal hält es kurz inne: als wollte es mitlesen. Dann glaube ich ein Gesicht zu entdecken. Kaum sichtbar die Augen. Je länger ich das kleine Wesen betrachte, desto mehr Demut empfinde ich vor diesen Wunderwerken der Schöpfung.

Mir wird die Einmaligkeit der Dinge bewusst. Es offenbaren sich neue Tiefenschichten des Realen. Sie erinnern daran, dass alles in der Welt ein eigenes Zentrum darstellt, das sich mit den Sphären der Phantasie und der Träume berührt. An meinen poetischen Orten spüre ich die Kraft des Konkreten, Sichtbaren, Fühlbaren. Alles, was ich sehe, mache ich mir zu Eigen: den Wald und das Feld, die Bäume und die Wege und alles, was sich darin bewegt und aufhält.

*

Um die Geschichte unseres Waldrandhauses ranken sich viele Anekdoten, aber keiner wusste so recht, wann und wie alles begann. Es soll früher als Jagdhütte gedient haben. Der alte Besitzer namens *Zumbruch*, der auch das Jagdrecht besaß, scheint ein geselliger Mann gewesen zu sein. Später erzählte uns *Petra Sonntag*, die *Zumbruchs* hätten zu jedem Weihnachten Geschenke an die Dorfkinder verteilt, und Kin-der seien immer willkommen gewesen.

Zumbruch erweiterte die Jagdhütte um kleine Anbauten. Vor dem Hauseingang befand sich eine kleine, überdachte Terrasse. Dort stand eine selbstgezimmerte Bank, deren Sitzfläche sich aufklappen ließ. Eine an der Seitenwand befestigte Holzplatte diente als Tischfläche, eine halbhohe Glasscheibe als Windschutz. Bei starkem Wind hörte man ihr ständiges Klappern. Die Terrasse war unser sommerlicher Aufenthalt, an dem man Schatten suchte an heißen Sommertagen.

Den schönsten Tag erlebten wir nach einem Waldfest, dem dörflichen Jahreshöhepunkt. Wir waren erst früh am Morgen mit den letzten Besuchern vom Festplatz heimgekehrt, und nach einigen Stunden Schlaf setzten wir uns raus auf unsere Terrasse, um zu frühstücken. Es war ein schwülheißer Tag, und man mochte sich kaum bewegen. Die Haustür stand offen und wir hörten Musik: *Franz Schuberts „Schöne Müllerin"*. Diese herrlichen Lieder klangen an diesem Tag besonders ergreifend.

Im Eingangsbereich des Hauses befindet sich eine
Art Wintergarten; auch er wurde der Hütte ange-
gliedert. Von dort aus gelangt man über einen
kleinen Treppenabsatz in einen größeren Raum,
wohl die ursprüngliche Jagdhütte. Dort stand an-
fangs noch ein alter Kachelofen, der ausschließlich
mit Holz beheizt wird. Ich mochte es, wenn das
Holz im Ofen knisterte und die Wärme sich in den
Räumen ausbreitete. Auf dem Ofen stand der Was-
serkessel, stets bereit, damit man sich einen Tee
ansetzen konnte. Und – vor allem wenn ich allein
war – meist ein großer Essenstopf. Ich kochte gern
für mehrere Tage; besonders Eintöpfe. Das war
praktisch, weil ich keine Lust hatte, täglich zu ko-
chen.

Die Tür zum Nebenraum, in dem ich mir ein klei-
nes Arbeitszimmer eingerichtet hatte, blieb in der
kälteren Jahreszeit stets geöffnet. Meinen Schreib-
tisch hatte ich quer vor das Fenster gestellt, um
genügend Licht zu haben und auf die Bäume und
Sträucher schauen zu können, die sich auf dem
Grundstück befanden.

Mein alter Schreibtisch verfügte über zahlreiche
Fächer, in denen ich meine Schreibutensilien, Pa-
piere und Briefe aufbewahren konnte. In der An-
fangszeit schrieb ich noch mit der Schreibmaschine
oder mit der Hand. Der Laptop – zum Schluss war
es die dritte oder vierte Generation – kam erst spä-
ter auf. Mein Schreibtischsessel hatte stabile Arm-

lehnen und eine Nackenstütze, so dass ich mich öfter bequem zurücklehnen und dabei entspannen konnte. Eine Schlafcouch und ein Bücherregal komplettierten das Arbeitszimmer.

Meine Bücher sind mir im Laufe der Jahre zu verlässlichen Gefährten geworden. Ich bin kein Sammler, lese aber gern, und so häuften sich mit den Jahren zahlreiche Bücher an, die sich über alle Räume verteilten. Besonders wichtig wurden mir einige Nachschlagewerke, z.B. *Brehms Tierleben* oder Vogelbücher. Sie benutzte ich häufig, um einiges über die Lebensgewohnheiten von Tieren zu erfahren oder nachzuschauen, welchen Vogel man soeben gesehen oder gehört hatte. Hätte ich sonst gewusst, dass *Siebenschläfer*, die sich zahlreich auf dem Dachboden aufhielten, im Sommer ein lustiges und sorgenfreies Leben führen und erst im Herbst damit beginnen, Nahrungsvorräte zu sammeln? Oder dass sie den langen Winter dadurch überstehen, weil ihre Körpertemperatur in dieser Zeit auf 10 bis 15 Grad herabsinkt und die Atemzüge sich auf 2 bis 3 pro Minute verringern? Ich besaß eine Ausgabe von 1954, die ich auf dem Flohmarkt erworben hatte.

Auch eine *Kräuterfibel* von *Konrad Kölbl* gehörte zu meinen unverzichtbaren Schätzen; eine Fundgrube alter und moderner Heilkräuter- und Hausmittel-Rezepte. Wann immer mich etwas zwickte oder peinigte, schaute ich nach, welches Kraut dagegen gewachsen ist. Das Buch enthält die Naturweisheiten ganzer Generationen und hat mir oft wertvolle Dienste erwiesen.

*

Als Kind hatte ich mir oft ein eigenes Zimmer gewünscht. Auch träumte ich von einer Höhle. Es war der tief sitzende Wunsch nach einem Schutzraum vor der Welt und ihren Ansprüchen an mich. Ein Ort, wohin ich mich aus der häuslichen Enge zurückziehen und von allem abschirmen konnte. *Jetzt endlich hast du deine Höhle,* dachte ich oft, wenn ich mein Arbeitszimmer betrat und mich an meinen Schreibtisch setzte. Ich schaute hinaus ins Freie und empfand ein tiefes Wohlbehagen.

Im Winter fiel es schwer, die Räume warm zu halten. Die Wände waren schlecht isoliert, und der alte Kachelofen brachte nicht mehr die volle Leistung. Wir schafften uns nach einigen Jahren einen skandinavischen Ofen und zusätzlich einige elektrische Heizkörper an. Anfangs saß ich oft vor dem Ofen, schaute in die Glut und dachte daran, wie der Mensch vor Urzeiten das Feuer für sich entdeckte und welcher Quantensprung dies für die Entwicklung der Menschheit war. Während es im Winter nicht leicht war, das Haus zu heizen, war es im Sommer stets angenehm kühl, da die umstehenden Bäume reichlich Schatten spendeten.

An den ersten Winter erinnere ich mich noch genau: Es hatte die ganze Nacht über geschneit. Die Schneemassen drückten schwer auf die Zweige der Fichten. Wie entkräftet hingen sie herab, als würden sie unter ihrer Last ächzen. Dagegen wirkten die vielgestaltigen, bizarren Astgebilde der Lärchen, als wären sie von einem Zuckerguss überzogen. Die Büsche schwankten leicht im Wind. Wie tanzende Eisbären. Ich blickte auf eine Märchenlandschaft, und eine mir bis dahin unbekannte Stille breitete sich aus. Ich begriff augenblicklich: auch die Stille braucht ihren Raum.

*

Zum Inventar des Hauses gehörte eine *Philetta de Luxe,* ein altes Transistor-Radio. Es war in die Jahre gekommen.

Sie stammte von einer Tante, die in einem Philipswerk in Wetzlar gearbeitet hatte. Ein Geschenk zur Konfirmation. Das Radio hatte die Form eines Kommissbrotes. Die Cremefarbe hatte

sich mittlerweile zu einem hellen Braunton ver-
dunkelt. Die Drehknöpfe des Sendersuchers und
Lautsprechers waren in Goldfarben gehalten. Das
Leuchten des magischen Auges der Abstim-
mungshilfe, der Skalen und des transparenten,
wuchtigen Gitterwerkes der Lautsprecherverklei-
dung verliehen dem Radio in der Dunkelheit etwas
Sakrales. Wenn man nachts Radio hörte – vor al-
lem bei klassischer Musik – kam das Ganze einer
Andacht gleich. Zwar ließen sich nicht alle Sender
in der gleichen Schärfe einstellen; aber wenn der
vertraute Brummton der Anwärmphase nachließ,
konnte man sich auf eine Reise in eine ganz eigene
Welt machen.

Und meine alte DM 1 Schreibmaschine von 1940
habe ich mit hierher gebracht. Ich hatte sie 1974 in
Bremen durch eine Zeitungs-Annonce von einer
alten Dame geschenkt bekommen. Schon ihr Mann
hatte sie benutzt und danach der Sohn.

Mir hat sie noch jahrelang gute Dienste erwiesen. Sie war solide, aber auch furchtbar schwer, wenn man sie anheben musste. Ich schätze, sie wog mehr als 15 Kilo. Mit dem Aufkommen elektrischer Schreibmaschinen wurde es dann immer schwieriger, Farbbänder zu bekommen. Durch den harten Anschlag waren sie immer gleich wieder zerfleddert und hinterließen leere Stellen im Text. Auch die Walze hatte sehr gelitten. Die Typen verstopften leicht, und die Tastenarme begannen sich zu verbiegen. Beim Tippen von Großbuchstaben hob sich der ganze Wagen mit, was beim Schreiben längerer Texte zu erheblichen Ermüdungserscheinungen führte. Trotz aller Mängel: ich habe diese Maschine geliebt und noch lange Zeit, nachdem sie nicht mehr zu benutzen war, das vertraute rhythmische Rattern beim Schreiben vermisst, das mir oft wie Musik in den Ohren geklungen hatte. Der alten Dame habe ich versprechen müssen, die Maschine nie zu verkaufen. Seither steht sie wie eine Skulptur auf einem kleinen Podest in meinem Arbeitszimmer. Mir kommt es vor, als würde sie mir jetzt, wo ich mittlerweile mit dem Laptop schreibe, etwas wehmütig bei meiner Tätigkeit zuschauen und mich bitten, sie von Zeit zu Zeit vom Staub zu befreien.

*

Vor dem Haus standen anfangs zwei auffallend hohe Lärchen, die das Haus noch kleiner erscheinen ließen, als es ohnehin schon war. Zum Friedhof hin gibt es eine Doppelreihe Fichten, die mit der Zeit höher und höher wuchsen. Wir konnten uns einfach nicht entschließen, sie fällen zu lassen, und irgendwann war es dann zu spät dafür. Auf einer kleinen Freifläche stand eine grobe Holzbank, die man offensichtlich aus einem Baumstamm heraus-gesägt hatte; davor ein stabiler Tisch, ebenfalls aus Holz. Seitlich gab es zwei winzige Blumenbeete, die wir mit Natursteinen umgaben und bepflanzten. Von der Holzbank aus schaute man auf eine Wiese, auf der einige alte Obstbäume standen, die aber kaum noch trugen. Nur ein Mirabellenbaum hatte in einem Jahr derart viele Früchte, dass er unter der Last zusammenbrach.

*

Von unserer Bank aus konnte man auf den Fried-
hof des Dorfes schauen. Meist waren es Frauen, die
zum Friedhof hinaufkamen, um Blumen zu gießen
oder neue zu pflanzen. Vor allem *Helga Schönborn*
und *Irmtraud Schwarz* kümmerten sich um die
Gräber; nicht nur um die eigenen.

Über viele Jahre kam der *alte Born* nahezu täglich
zum Grab seiner Frau und betete einige Minuten.
Danach verharrte er noch einige Zeit und schaute
sich die umliegenden Gräber an. Wahrscheinlich
hielt er stumme Zwiesprache mit früheren Nach-
barn oder Bekannten. Der Alte – ich nannte ihn
den *betenden Alten* – brauchte täglich länger, um
den kleinen Anstieg zum Friedhof zu bewältigen.
Hin und wieder begleitete ihn die Tochter *Petra*;
zuletzt musste sie ihn stützen. Eines Tages kam er
nicht mehr. In unserer Abwesenheit war er gestor-
ben.

*

Ich hatte damit begonnen, mir meine Wahrneh-
mungen, die mich besonders beeindruckten, zu
notieren. Zum Beispiel das frühe Erwachen:

An einem Frühlingsmorgen das Fenster weit öffnen. Es
ist noch dunkel. Dann das erste zarte Vogelstimmchen.
Ein Zaunkönig. Nach und nach hebt der Gesang der
anderen an. Es klingt, als würde man einer Orchester-
probe beiwohnen. Ich lausche und versuche, einzelne
Vogelstimmen zu erkennen. Unüberhörbar die Sing-

drossel. Sie spult ihr gesamtes Programm ab. Die anderen halten sich noch zurück, als würden auch sie auf den wunderbaren Klang lauschen. Dann mischen auch sie sich ein: Amsel Buchfink Rotkehlchen Fitis Kleiber Heckenbraunelle Zaunkönig. Je intensiver ich lausche, desto mehr glaube ich eine Melodienfolge zu erkennen. So als würde die Orchesterprobe in eine harmonische Sinfonie überführt. Ich liege still da und bin ganz in meine Eindrücke versunken. Bis der Gesang abebbt. Das Füttern der Kleinen beginnt. Und auch ich erhebe mich; noch ganz erfüllt vom Wohlklang dieses Frühlingsmorgens.

Es macht mich wehmütig, wenn ich daran denke, dass ein derartiges Erleben womöglich aus der Welt zu verschwinden droht: dieses *Gefühl für die Poesie des Daseins.*

*

Auf einer der zahlreichen Wanderungen begegnete ich eines Tages einem alten Mann, der ein Bündel über der Schulter trug. Er schien Brennholz gesammelt zu haben. Als er mich sah, grüßte er freundlich und blickte mich aufmerksam an. *Was hat Sie in diese verlassene Gegend geführt?* fragte er mich. Ich erzählte ihm, dass wir uns vor einiger Zeit hier niedergelassen hätten und ich nun dabei sei, mich mit der Umgebung vertraut zu machen. Wir gingen auf ein größeres Gelände am Dorfrand zu, das ich erst bei genauerem Hinsehen als eine

Art wild wuchernden Garten wahrnahm. Er be-merkte meine Verwunderung und sagte:

Dieses ist mein Park. Als ich vor fast fünfzig Jahren hier ankam – ich stamme aus Thüringen – habe ich dieses Grundstück gekauft. Es war der reinste Urwald. Ich brauchte lange, um es zugänglich zu machen. Alles Mögliche habe ich seither angepflanzt, auch Exotisches. Die Einheimischen haben mich immer belächelt. Aber Sie sehen ja: es ist etwas daraus entstanden.

Jetzt erst fielen mir viele Pflanzen und Büsche auf, die mir völlig unbekannt waren; umgeben von auf-fallend hohen Bäumen. Und mittendrin ein kleiner, offenbar belebter Teich, aus dem Wasserpflanzen herausragten. Dann gab es ein mit Natursteinen ummauertes Hochbeet mit Kräutern bepflanzt, die geheimnisvoll dufteten. Wir setzten uns auf eine Holzbank und erzählten uns gegenseitig, was uns nach Zimmerschied verschlagen hatte. Ich weiß nicht, wie lange wir so saßen. Als es an der Zeit war aufzubrechen, lud er mich ein, doch einmal wieder vorbei zu schauen, wenn ich in der Nähe wäre.

Auf diese Weise lernte ich *K.F.E. Weisgärber* ken-nen, den wir später der Einfachheit halber *Elias* nannten. Ein stattlicher Mann mit einer *Pavarotti-Statur.* So um die Siebzig dürfte er damals gewesen sein. Grauer, leicht ungepflegter Vollbart; das Ge-sicht verwittert, umkränzt von grauen, wirren Lo-cken. Seine Hände auffallend klein, aber kräftig und schwielig. Man sah auf den ersten Blick: der Mann hat viel erlebt: Krieg, Flucht und Vertreibung, wie ich später erfuhr. Er hatte nach dem Krieg in *Frankfurt* eine Stelle als Graphiker gefunden und ist mit seiner Frau hierher gezogen. Seine Frau ist vor einigen Jahren gestorben. In jungen Jahren seien sie viel gereist, erzählte er. Zum Beispiel auf einer *Vespa* bis nach Rom und Paris, um sich die Kunstschätze dort anzusehen.

In früheren Jahren hatte er für renommierte Zeitschriften gearbeitet; zum Beispiel für den *Simplizissimus*, den *Spiegel* und *Konkret*. Sein Spezialgebiet: satirische Zeichnungen. Er malt und zeichnet immer noch, *um vor lauter Alleinsein nicht den Verstand zu verlieren,* wie er einmal in einem Interview mit einer Zeitung sagte. Er nimmt immer noch an Ausstellungen in der Region teil und verdient sich auf diese Weise durch den Verkauf von Bildern etwas Geld hinzu. Auch an Skulpturen hat er sich versucht. Verstreut in seinem *Park* stehen einige der Figuren. Er scheint alle möglichen Materialien für seine Kunst zu benutzen: Steine, Holzbretter, Pappdeckel, Nussschalen – alles, was ihm in die Finger kommt, wird bemalt oder sonst wie bearbeitet. Überall auf dem Grundstück hängen selbstgebastelte Vogelkästen. Auch eine Behausung für Bienen ist darunter. Er verfügt über ein ungeheures Naturwissen. Er kennt die Eigenarten von Tieren und Pflanzen und lebt mit ihnen. Mitunter hatte ich den Eindruck, er holt sich auf diese Weise einen Teil der Schöpfung zurück, bevor sie gänzlich zugrunde geht. Kunst und Natur – das sind die beiden Pole seiner kleinen Welt, die doch so groß ist. Eines Tages meinte er:

In meinem Haus gibt es kaum einen freien Winkel: Alles ist voller Bilder, Zeichnungen, ja – und Bücher, die ich auf Flohmärkten erworben habe. Ich würde Sie gern einmal nach Hause einladen. Aber dazu müsste ich erst einmal aufräumen. Sie wissen ja: Künstler sind etwas schlampig.

An einem Sonntag fuhren wir zusammen nach *Obernhof* zu einem *Bücher-Flohmarkt*. Schwer beladen kamen wir zurück. Anschließend lud ich ihn zum *Spargelessen* ein, und bei einem Glas Wein erzählte er mir viel aus seinem Leben. Zum Beispiel erzählte er mir von *Ernst Barlach*, seinem künstlerischen Vorbild. Seit seinem Studium habe er sich mit Barlach auseinandergesetzt. Da wir vor einigen Jahren das *Barlach-Museum* in *Güstrow* besucht hatten, war es hoch interessant, was er über Barlach zu sagen wusste:

Barlach schafft es, mit wenigen Strichen das Wesen eines Menschen oder Dings auszudrücken. Kaum einer war derart unprätentiös wie er. Seine Genialität liegt in der Einfachheit seiner Darstellungen. Aber diese sind gleichzeitig Ausdruck höchster Konzentration und Versenkung in die Geheimnisse der Dinge. Und dann sagt er einen Satz, den ich aufmerksam registrierte: *Ich bin Barlach wesensähnlich.* Als er mein Erstaunen bemerkt, fügt er hinzu:

Barlach hatte eine instinktive Abneigung gegen diesseitige Werte; seien es materielle Dinge, sei es Ruhm, sei es Politik. Er besaß die Fähigkeit, all den Übeln, die ihm widerfuhren, gelassen zu begegnen, indem er sich schrittweise von der Gesellschaft abwandte. Barlach lebte ganz seiner Kunst hingegeben, dem einfachen Leben in der Natur – mit keinen besseren Freunden als Wind und Wetter.

Diesem Ideal scheint er nachzuleben: teils aus Notwendigkeit, wohl aber mehr noch aus Überzeugung. Sein *Park* mit all den Lebewesen und Pflanzen um ihn herum: das ist sein eigener, von ihm gestalteter Kosmos, in dem das Schöpferische schlechthin sich offenbart. Elias brachte mich dazu, mich mit den Werken Barlachs intensiv zu beschäftigen.

*

Elias war einer der Alten, mit denen wir uns gern unterhielten. Man erfuhr immer Neues. So auch von *Selma Aps;* sie hatte die *Chronik des Dorfes Zimmerschied* geschrieben und wusste viel über den Ort zu erzählen. Die Chronik war ihr ganzer Stolz. Als sie gedruckt vorlag, brachte sie uns ein Exemplar vorbei.

Sie war eine beeindruckende Persönlichkeit. Als junge Frau fuhr sie Motorrad und hat auch ansonsten ihr Leben lang *ihren Mann gestanden.*

Irgendwann müssen wir ihr erzählt haben, dass wir *Teddybären* sammeln. Von nun an gab es kaum ein Treffen, zu dem sie uns nicht einen Teddybär mitbrachte. Mit der Zeit hatten wir eine stattliche Sammlung davon.

Selma war maßgeblich an der Vorbereitung der *600-Jahr-Feier* beteiligt, die sie dann doch nicht mehr erlebte. Sie wollte nicht im Rollstuhl sitzend daran teilnehmen und starb kurz darauf. Wir hatten sie zuvor noch im Krankenhaus in Nassau besucht.

Dieses große Dorffest haben wir in bester Erinnerung. Der damalige Ortsbürgermeister *Norbert Lotz* und viele Helfer, vor allem aus den Reihen der *Freiwilligen Feuerwehr*, hatten diese Feier mit großer Umsicht und mit viel Phantasie organisiert. Zum Fest hatte sich das ganze Dorf geschmückt. Überall im Ort hatten alte Handwerke ihre Stände aufgebaut und boten ihre Produkte an. Auch erhielt man Einblick in die Arbeitsweise bestimmter Gewerke. Das war überaus interessant für die Besucher und nebenbei auch ganz lehrreich. Noch heute steht ein kleiner Pavillon in der Mitte des Ortes, mit einem Schieferdach versehen. Man konnte damals zusehen, wie er entstand.

Mit einem weiteren Alten spielten wir (leider nur für kurze Zeit) Skat: *Wilhelm Achtstein*. Eines Tages saß er auf der Bank unter der Linde vor dem Friedhof. Er schien auf etwas zu warten. Ich ging zu ihm runter, und er fragte, ob wir Lust hätten, mit ihm Skat zu spielen. Er habe gehört, dass wir begeisterte Skatspieler seien.

Sobald wir am Ort waren, rief er an, und wir verabredeten uns. Stets brachte er etwas zum Trinken mit, meist eine Flasche Sekt mit Orangensaft. Zwischen den Spielen erzählte er von seiner Familie und vom Krieg. Er war in Stalingrad schwer verwundet worden. Ihn hatte man gezwungen, in den Krieg zu ziehen. Nachdenklich meinte er: *Was hatten wir dort zu suchen?*

An ihn muss ich denken, wenn jährlich am *Volkstrauertag* eine Kranzniederlegung stattfindet, um der Opfer von Krieg und Gewalt zu gedenken.

Und ich erinnere mich an drei alte Männer, die mir eine zeitlang auf der Dorfstrasse begegneten, wenn ich mit dem Auto aus Köln angefahren kam. Sie liefen mitten auf der Straße und winkten schon von weitem mit dem Stock. Ich hielt an und wir begrüßten uns. Anfangs schauten sie etwas misstrauisch; aber mit der Zeit kannten wir uns. Bei ihnen handelte es sich um die alten *Lotz, Floreth und Hafermann.*

*

Mit großer Freude bemerkten wir, dass sich nicht nur die Alten im Dorf wohlzufühlen schienen. Das galt ebenso für die Kinder. Eine ganze Generation von ihnen haben wir heranwachsen sehen. Wo, wenn nicht hier, konnten sie unbeschwert spielen und sich frei bewegen. In dieser Hinsicht sind sie viel besser dran als Stadtkinder. Ein einziges Mal allerdings hat es in unserer Zeit auf der Dorfstraße einen schweren Unfall gegeben: ein kleines Mädchen ist von einem LKW überfahren worden.

Da wir aufgrund unserer Randlage wenig vom Dorfleben mitbekamen, wunderten wir uns, wie schnell sich die Kinder veränderten. Sahen wir sie eine zeitlang nicht, hatten wir Mühe, sie wiederzuerkennen und uns an ihre Namen zu erinnern. Die meisten von ihnen sahen wir nur anlässlich der jährlichen *Waldfeste,* bei denen die Kinder halfen und mit großem Eifer zum Gelingen des Festes beitrugen. Plötzlich standen hübsche Mädchen und stattliche Jungs vor uns, die gestern noch kleine Kinder gewesen waren – so kam es uns vor. Wie unfassbar schnell doch die Zeit vergangen war.

Für uns war es jedes Mal eine Freude, wenn wir uns mit einigen von ihnen unterhalten konnten. So z.B. mit den *Gasteier-Jungs Merlin, Marlon und Marcel.* Sie waren exzellente Fußballkenner. Sobald wir uns begegneten, ging es los: sie schwärmten für die *Bayern,* ich für den *BVB*. Bis ins Detail gingen wir die Spiele dieser ewigen Kontrahenten durch und stritten darüber, wer die bessere Mannschaft sei. Hin und wieder konnte ich sie damit überraschen, dass ich mich an Spiele und Zeiten erinnerte, wo sie noch gar nicht geboren waren. Aber nie gelang

es mir, sie von *Borussia Dortmund* zu überzeugen.
Sie blieben ihren *Bayern* treu.

Viele der Kinder *entwuchsen* uns im wahrsten Sin-
ne des Wortes, und es war dann stets interessant,
wieder von ihnen zu hören, auf welche Weise sie
ihren Weg gemacht hatten. Einige besuchten wei-
terführende Schulen oder studierten; andere mach-
ten ein Lehre und waren mittlerweile berufstätig.
Ja – und irgendwann hatten einige von ihnen
schon selbst Kinder.

*

Für die Kinder des Dorfes hätte ich gern einmal
eine *Lesung* veranstaltet. Ich hatte ein Buch mit
dem Titel *Tiere sind auch nur Menschen* geschrieben,
wollte ihnen daraus vorlesen, einiges zu den Tie-
ren sagen und ihnen bei der Gelegenheit das Buch
schenken. Aus irgendeinen Gründen kam es nicht
dazu, so dass ich das Buch dann einzeln an die
Kinder verteilte.

Im Buch enthalten sind Geschichten über Tiere der
Gegend: *Siebenschläfer; Wiesel* (auch *Hermelin* ge-
nannt); *Hunde; Ziegen; Esel; Hängebuchschweine;
Pferde: Hühner; Käfer u.a.*

Ja – und nicht zu vergessen: unsere *Katzen Freddy
und Paula.* In meinem Buch heißt es: *Wie jede echte
Liebe beruht auch die Katzenliebe auf Gegenseitigkeit.
Man kann sie nicht einseitig erzwingen wollen. Die*

Katzenliebe entwickelt sich besonders behutsam. Unser Freddy, der eigentlich ein Mädchen war, liebäugelte vor allem mit Männern. Daher auch sein Name – in Anspielung auf Freddy Mercury, den unvergesslichen Sänger von ‚Queen'.

Unser Freddy war ein echter Freigänger. Echt – das soll heißen: er gehörte niemandem. Wir freundeten uns so nach und nach an. Er gab uns täglich die Ehre. Stolz und ehrerbietig schritt er die Auffahrt hinauf. Trotz seines Freigängertums war Freddy wählerisch. Er aß nur Frisches und längst nicht alles. Und er bestand auf seinem Lieblingsplatz: dem mit einem Lammfell überzogenen Stuhl. Hier schlief er tief und fest und ließ sich kaum vertreiben.

Arbeitete ich am Schreibtisch, setzte er sich gern auf die Tastatur meines Computers. Las ich ein Buch oder eine Zeitung, geschah dasselbe. So als wollte er mitlesen. In Wirklichkeit duldete er höchst ungern, dass man seine Aufmerksamkeit nicht ungeteilt ihm schenkte. Liebend gern schmuste er; aber die Dosis bestimmte er selbst.

Paula kam gern in den frühen Morgenstunden, so gegen 4 Uhr. Sie sprang aufs Fensterbrett und wartete geduldig, bis sie eingelassen wurde. Dann nahm sie ihren Platz ganz selbstverständlich am Fußende unseres Bettes ein und begann mit ihrem Dauerschnurren.

Weitere Lieblingsplätze waren der Fernseher und der Kühlschrank. Stunden konnte sie dort dösend oder schlafend verbringen.

Wir fragten uns oft, was das Wesen einer Katze ausmacht. Schaut man ihnen in die Augen, hat man das Gefühl, sie schauen durch einen hindurch, in irgendeine Weite, die man nicht benennen kann. Als hätten sie eine Verbindung zu etwas Übersinnlichem. Etwas, dass einer anderen Sphäre angehört. Darin besteht wohl das Geheimnis, dass Katzen der Ruf vorausgeht, Ereignisse vorausahnen zu können. Sie strahlen eine seltsame Ruhe aus, eine noble Gelassenheit, eine unnachahmliche Souveränität. Ihre Autonomie und ihr Eigensinn sind sprichwörtlich.

Das ist wohl auch ein Grund, dass sie uns, auf ihre jeweils individuelle Weise, so unvergesslich sind. Und deshalb stimmt wohl auch der Satz, dass in jeder Katze alle Katzen weiterleben.

*

Oft machte ich lange Wanderungen, wobei ich kaum einem Menschen begegnete. Ich lief durch die Wälder und Landschaften der Umgebung, und immer wieder ließ ich mich auf einer Bank oder einem Baumstumpf nieder, genoss die Ruhe und hing meinen Gedanken nach. In meinem Tagebuch habe ich notiert:

Oberhalb von Hömberg sitze ich lange auf einer Bank und schaue auf die ruhig daliegende Landschaft. Um mich herum ein einziges Summen, das zuweilen in sanfte Schwingungen übergeht. Von Ferne hört man die Mähdrescher; die Bauern mähen die Wiesen und fahren ihr Heu für den Winter ein. Ich bin über zwei Stunden durch Wälder und Wiesen gestreift; auch fernab der offiziellen Wege. Die Wiesen sind üppig wie selten: der Klee steht bis zu 30 cm hoch; aber auch Margeriten, Löwenzahn, Butter- und Kornblumen, Mohn u.a.m. stehen in voller Blüte. Bei meinem Gang quer über eine der Wiesen schrecke ich ein Reh auf; in gesichertem Abstand bleibt es stehen. Auch ich bleibe stehen; wir schauen uns eine Weile an und dann setzt jeder seinen Weg fort. Als ich wieder zu Hause bin, fühle ich mich wie geerdet.

Vieles schwirrt mir an solchen Tagen durch den Kopf; ich notiere mir einiges und habe Mühe, aus den Bruchstücken, die sich da angesammelt haben, etwas Sinnvolles zu machen und mir klar darüber zu werden, was ein derartiges Erleben so wertvoll macht:

Das scheinbar ziellose Umhergehen hat zur Folge, dass ich all das, was mich beschäftigt und oft genug bedrückt hat, verarbeite und hinter mir lasse. Das Gehen wird zu einer Art Auslaufen. Wenn ich lange genug gegangen bin, ist mir, als käme ich allmählich ganz zu mir. Dann leuchtet urplötzlich etwas auf: ein Sinneseindruck; ein Gedanke; eine Erinnerung. Ich gehe immer weiter und muss mir die Dinge gewissermaßen nur noch von den Bäumen pflücken. Auf diese Weise halte ich meinen Lebenstext in Gang.

Da ist eine Landschaft, die sich vor mir ausbreitet. Wie besänftigt kommt sie mir vor. Vollgesogen von Sommer und Geduld. Ich sehe, wie der Wind in den Wiesen spielt und Smaragde im Moos zu tanzen beginnen. Am Horizont tauchen im Dunst Gesichter auf. Langsam windet die Sonne sich durch die Nebelschleier. Und wieder dampft sich die Erde zum Himmel empor.

Die Bäume werfen reichlich Schatten. Ich möchte nach der Sonne greifen. Schmetterlinge kreisen in der Luft. Aus den Bäumen bricht sich das Innere bahn. Ich lasse mich von den Gesängen der Vögel betören, die keiner mehr kennt. Die Tage scheinen überzufließen vor Zeit. Weite Ebenen, gefüllt mit Wolken, antworten nicht auf meine Fragen. Schatten schmiegen sich um kahle Bäume.
Die Sonne hat sich auf den Horizont gelegt; die Wiesen liegen da wie geflickte Hosen, und die Gräser bieten ihre Trägheit dar. Vögel streifen mit ihren Schwingen die Wolken; liebkosen den Himmel. Wege verlieren sich im Dunst, und Trugbilder von Parallellandschaften steigen auf.

Wenn ich mir solche Eindrücke wieder ins Gedächtnis rufe, um sie aufzuschreiben, frage ich mich unwillkürlich: Woher stammen diese Bilder? Was ist es, was da in mir vorgeht? Schon als Kind phantasierte ich mir Traumbilder herbei, die wahre Glückszustände in mir auslösten. Die Bilder liefen ab wie Filmszenen. Ich konnte einfach nur im Gras liegen und mich meinen Träumen überlassen. Oft wusste ich nicht, wie viel Zeit darüber vergangen war. Manches Mal war ich darüber eingeschlafen und hatte nur eine vage Erinnerung an meine

Träume. Ich konnte sie nicht im Detail zurückrufen, sondern mich nur an ein Gefühl der Glückseligkeit erinnern.

*

Ich liebe alte Häuser, weil sie nicht vollkommen sind; vielleicht gerade deswegen. Ich hänge an dem etwas Altertümlichen, Halbschürigen. Dieses Haus, das wir bewohnen, das ist gerade das Richtige für mich. Früher habe ich mir oft vorgestellt, dass ich eines Tages Tiere haben möchte: Hühner, Schweine, Ziegen, Katzen. Und einen großen Misthaufen vor dem Haus. Aber es hat sich nicht ergeben.

Man sieht alten Häusern an: hier haben Menschen mit ihren Sorgen und Leiden gewohnt, aber sie haben gelebt und sich ihre kleinen Lebensfreuden erhalten.
Natürlich geht an den alten Häusern so nach und nach vieles kaputt. Mir wurde stets ganz angst und bange, wenn ich daran dachte. Aber immer war Hilfe zur Stelle. Unser Nachbar *Klaus Breibach* wusste stets Rat. Er hat uns immer geholfen, wenn wieder einmal *Holland in Not* war. Und wenn er selbst nicht weiter wusste, hatte er ein ganzes Netzwerk an Kumpeln, die alle irgendein Handwerk beherrschten; oft sind sie selbst so etwas wie Universal-Handwerker, sie können einfach alles, so kommt es uns vor; einer hat vom anderen etwas

gelernt, und man hat sich immer gegenseitig ge-
holfen.

Eins von vielen Beispielen für die Hilfsbereitschaft
von Klaus: Eine zeitlang fuhr ich frühmorgens zum
Schwimmen an den *Hertha-See*. An einem Sonn-
tagmorgen blieb mir an der steilen Anfahrt von
Dies nach *Holzappel* mein Auto stehen. Was tun? Es
war ca. 7.00 Uhr in der Frühe; weit und breit kein
Mensch. Ich hatte kein Handy dabei, und bis zum
nächsten Ort waren es vielleicht 2 bis 3 km. Nach
einiger Zeit kam ein kleiner Lastenwagen vorbei;
ich hielt ihn an und bat den Mann um sein Handy.
Er verstand mich zunächst nicht. Wie sich heraus-
stellte, war es ein Pole. Schließlich gab er mir sein
Handy und ich rief Klaus an, der noch schlief. Er
war erst gegen 4 Uhr nach Hause gekommen und
hatte sein Auto in *Welschneudorf* stehen lassen; er
musste es erst holen. Nach etwa 1 ½ Stunden kam
er angefahren, schaute sich das Ganze an und
meinte, etwas mit den Relais stimme nicht, aber
ohne technische Hilfsmittel könne er nichts ma-
chen. Wir riefen den ACE an, und nach einer wei-
teren Stunde kam der Abschleppdienst, brachte
den Wagen zum *Ferdinand* nach *Niederelbert*, und
Klaus nahm mich mit nach Zimmerschied. Mit sei-
ner Vermutung hatte er übrigens recht: einige der
Relais waren defekt.

*

Irgendwann war ich dazu übergegangen, mir alles aufzuschreiben, was mich beschäftigte. Es war der Versuch, wie in einem ständigen *Selbstgespräch* Klarheit über einige Dinge zu gewinnen. Das führte dazu, dass ich vieles genauer wahrnahm, und indem ich es aufschrieb, begann ein intensiver Prozess der Verarbeitung. Scheinbar wahllos schrieb ich Sätze auf, von denen ich hoffte, dass sie mir später als Material für ein Gedicht oder ein Stück Prosa dienen könnten. Manches Mal überkam mich das Bedürfnis, daraus *Denkbilder* zu formen. Dieses Wort hatte ich irgendwo gelesen; es gefiel mir als Beschreibung dessen, was ich da tat. Zum Beispiel so:

Siehst du die Spuren im Wind. Die tote Landschaft der Bilder. Die Schatten der Vögel. Die Stille der Häuser. Das erfundene Morgenlicht. Den Widerschein der Wälder. Die Bäume verzückt vom Licht. Die Blätter brennen vor Hitze. Im Korb funkeln Früchte im Strahl der Mittagssonne. In ihrer glänzenden Haut. Das Aroma langer Mittage bestimmte den Geschmack. Ihr Duft war erfüllt mit der Poesie des reinen Obstes. Durch die dunklen Räume des Hauses geht Tag für Tag der große Sommer hindurch. In der Stille zittert die Luft. Glänzende Sommerquadrate entlocken mir fanatische Träume. In der Glut des reifen Tages fallen Schatten ins Zimmer. Die Farben stürzen um eine Oktave ab. Sie versenken das Licht in die grünen Spiegel. Die Augen sind mit Honig verklebt. Einige Sonnenbrüder schweben wie Akrobaten in den Lüften. Man hat ih-

nen Farbtupfer ins Gesicht gemalt. Die Bäume schüt-
teln recht theatralisch ihre Kronen. Ihre Blattfächer
zeigen ihre silbrigen Unterleiber. Sonne und Wind
vergnügen sich mit Reflexen und Echospielen.

Wenn ich am Schreibtisch meine Notizen verarbei-
tete, versuchte ich, den Dingen, die ich beobachtet
hatte, gewissermaßen Leben einzuhauchen, indem
ich das Sichtbare der äußeren Welt mit einem Sinn
ausstattete; man könnte sagen: ich dachte darüber
nach, was das Unsichtbare, Verborgene, Geheim-
nisvolle einer wahrgenommenen Sache sein könn-
te. Zum Beispiel, wenn ich einen Baum betrachtete:
Wie alt mochte er sein? Was mag er erlebt haben?
Wie viele Wanderer mögen sich in seinem Schatten
ausgeruht haben? Ja ich ging so weit mich zu fra-
gen, ob ein Baum Empfindungen haben könnte,
Schmerzen etwa. Wer sagt uns, dass dies nicht der
Fall ist? Derartige Spekulationen machten mir
Spaß. Ich hatte mitunter den Eindruck, dass ich
auf diese Weise eine ganz neue Beziehung zu den
Dingen aufbaute. Vielleicht konnte man sich auf
diese Weise einen Teil der Schöpfung zurückho-
len?

*

Da ich im Alltag kaum mit jemandem reden konn-
te, war das Schreiben für mich die einzige Mög-
lichkeit, mich dem Leben hier zu nähern. Sobald
ich vor einem leeren Blatt saß, erfasste mich eine
ungeheure Spannung. Wie gebannt schaute ich auf

das Blatt, das da so weiß und unschuldig vor mir lag. *Es scheint mich ebenso zu fixieren, als wolle es mich herausfordern*, dachte ich dann. Oft stehe ich dann noch einmal vom Schreibtisch auf, versuche Zeit zu gewinnen, versorge den Ofen oder brühe mir einen Tee auf. Aber wie unter einem Zwang kehre ich an den Schreibtisch zurück. Noch immer liegt da dieses leere Blatt. Noch stehen mir alle Möglichkeiten offen. Aber sobald das erste Wort geschrieben ist, gibt es kein Zurück mehr. Jetzt geht es um alles oder nichts. Einfach innehalten oder umkehren, geht nicht mehr. Wort reiht sich an Wort und trägt mich fort. Ich befinde mich ge-wissermaßen auf der Spur, und wohin diese führt, weiß ich in diesem Moment noch gar nicht. Ich überlasse mich ganz meinem Tun, und erst viel später, wenn ich lese, was ich da geschrieben habe, bin ich in der Lage, mir Klarheit zu verschaffen.

*

Seit es die Kneipe nicht mehr gab, bekam ich vom Dorfleben noch weniger mit als ohnehin schon. Meistens waren es unsere Nachbarn, die *Breibachs,* von denen ich Neuigkeiten erfuhr. Zum Beispiel, wenn mal wieder jemand gestorben war. Einmal war es *Gottfried Sonntag.* Wir haben uns oft unter-halten. Er besaß ein unglaubliches Naturwissen. Er erzählte begeistert von stundenlangen Wanderun-gen durch die umliegenden Wälder; und er kannte alle Wege in der Gegend und alle vorkommenden Pflanzen und Kräuter und deren Heilkräfte. Er war ein wandelndes Naturlexikon. Viele Tipps habe ich von ihm bekommen.

Über ein erstaunliches *Naturwissen* verfügten einige am Ort: Vor allem Helma Elbert, die ihr Wissen an ihre Tochter Geli weitergab, die daneben noch eine ausgezeichnete Köchin ist, deren Gewürzmischung mittlerweile zu unserem Bestand gehört. Aber auch Selma Aps oder Inge Elbert, die mit ihrem Mann Otto gegenüber von uns einen Wohnwagen hatten. Otto spielte übrigens Klavier, wie wir erst nach seinem Tod erfuhren.

Und dann erfuhren wir vom Tod *Christian Elberts*. Er war langjähriger Ortsbürgermeister. Der einzige Arbeitgeber am Ort. Er hatte als Anstreicher begonnen und sich im Laufe der Jahre seine eigene Firma aufgebaut. Als ich ihn kennenlernte, war er so alt wie ich jetzt. Jahrelang haben wir Skat zusammen gespielt und gut dabei harmoniert, wenn es gegen den Schulmeister *Heribert* aus Holler oder den Postboten *Karl* aus Hömberg ging. An manche Spiele kann ich mich noch heute erinnern.

Betroffen machte uns der Tod der beiden *Floreths,* die im Abstand von nur einem Jahr starben. *Günther* trafen wir hin und wieder auf unseren Wanderungen oder wenn wir mit dem Fahrrad unterwegs waren. Wir hörten von der schweren Krankheit seiner Frau Helga; aber dass er dann noch vor ihr starb, hat uns doch erschüttert.

An einigen Beerdigungen haben wir teilgenommen. Zum Beispiel an der des kleinen *Aaron*. Er wurde nur 4 Jahre alt. In ihrer Predigt fragte die Pastorin, ob es *ein ganzes Leben* gewesen sei, das der Kleine gehabt habe. Sie wusste keine Antwort – wir auch nicht.

*

Wenn ich allein am Ort war, ging ich täglich runter zu den *Breibach-Brüdern*, nachdem *Emmi* relativ plötzlich gestorben war. Meine Post wurde bei ihnen abgegeben, und so gab es immer Gelegenheit, über dies und das zu reden. Meist machte ich noch einen Spaziergang mit dem Hund: zunächst mit *Benny* und später mit *Nancy*. Mit *Heini* und *Willy* habe ich so manches Fußballspiel und vor allem viele Boxkämpfe gesehen. Ich hatte anfangs keinen Fernseher. Wenn ein Boxkampf anstand, rief Heini spät am Abend an und fragte, ob ich nicht runter kommen wolle. Mit einer Flasche Wein bewaffnet, machte ich mich auf den Weg. Es blieb an solchen Abenden nicht die letzte.

Später, als Willy nach Heinis Tod allein im Haus lebte, habe ich viel mit ihm geredet, und er hat mir aus seinem Leben erzählt. Er hatte immer schwer arbeiten müssen und war ein *guter Arbeiter* gewesen. Sein ganzer Stolz war sein roter *Mercedes-Sportwagen,* mit dem er sonntags ausfuhr. Im Ort sagte man, es sei seine Braut. Willy war zurückhaltend, fast schüchtern. Aber er konnte auch lustig sein; sonntags in der Kneipe, wenn er in Stimmung kam, dann spendierte er den Damen Sekt und sang seine Lieder. Er träume wohl immer noch von Kanada, wohin es ihn zog. Aber nicht er, sondern sein Neffe Klaus besuchte eines Tages Kanada; viele wunderschöne Fotos brachte er von der Reise mit.

*

Normalerweise verlief das Leben hier geruhsam. Es kam einem oft vor, als sei die Zeit stehen geblieben. Aber ein Ereignis hat uns dann doch aufgeschreckt. Es war die Zeit zwischen den Jahren – 2008. Wir hatten am Abend unsere Nachbarn besucht. In der Nacht wachte ich um ca. 2.30 Uhr zufällig auf. Unser Adventskranz brannte lichterloh. Ich packte die glühend heiße Glasplatte und warf sie ins Freie, wo der Kranz weiter brannte. Wir hatten die Kerzen zwar gelöscht gehabt, aber die Hitze hat wohl über die Metallteile zu einem Schwelbrand geführt und das Tannengebinde entzündet. Der Kranz brannte noch nach Stunden, und im Haus roch es nach chemischen Substanzen. *Made in China*. Seither kam uns nie wieder ein Adventskranz ins Haus!

*

Meinem *Tagebuch* entnehme ich: Da *Petra* wegen einiger Arzttermine in Köln ist, gehe ich allein zur Eröffnung der Ausstellung von *Elias* ins *Kulturhaus Nassau*. Er war fleißig, mein Alter. Trotz seiner jetzt

80 Jahre arbeitet er beständig weiter; neben seinem
Garten sein großes Hobby. Ich kaufe eine kleine
Skulptur, die er *Cholem* nennt. Ich frage ihn, was
das heißt. Er antwortet: *Gar nichts. So etwas gibt es
nicht. Aber klingt doch interessant, nicht wahr?*
Elias hatte das Kunststück vollbracht, dieser Skulp-
tur eine Vorder- und ein Hinterseite zu geben. Hier
das Ergebnis:

Ich kaufe noch drei kleine Bilder und die gemalte
Fassung von *Die künftigen Menschen*, die wir bereits
als Zeichnung besaßen.
Ich hatte einige Nachbarn auf die Ausstellung hin-
gewiesen, und tatsächlich waren einige Zimmer-
schieder zur Ausstellung gekommen, sehr zur
Freude des Künstlers.

*

Ein weiterer *Frühling* in Zimmerschied: Hier ist die Kirschblüte in vollem Gange; ebenso der Weißdorn, die Forsythie und etliche bunte Blumen am Wegesrand; darunter ganz winzige, die gern übersehen werden. Der Wald zeigt sich in allen Grüntönen. Uns gefällt das junge Buchengrün. Besonders schön anzuschauen: die *Rapsfelder* und die von *Löwenzahn* übersäten Wiesen. Überhaupt blüht dieses Jahr alles so überaus üppig. Als nächstes ist die *Apfelblüte* dran.
Dann der allgegenwärtige Vogelgesang, den man hier ohne den Lärm der Stadt besonders genießen kann; begleitet vom Summen der *Bienen*, die es

sehr zahlreich in unserem *Biotop* gibt; ebenso wie viele Arten von *Schmetterlingen*.

Es ist prächtiges Sonnenwetter; gute Voraussetzungen für eine lange Fahrradtour, um den Kopf zum Nachdenken freizubekommen. Ich schreibe an meinem Roman *Das Haus des Dichters*. Eine Idee wäre, Naturschilderungen in die Handlung einzubauen, so wie *Virginia Woolf* es in ihrem Roman *Wellen* versucht hat, wo sie die Lebensgeschichte ihrer Figuren erzählt und mit teilweise surrealen Naturdarstellungen unterbricht.

*

Wieder verbringen wir einen sehr schönen Herbstaufenthalt hier. Jahr um Jahr das gleiche Schauspiel und doch immer auch ein wenig anders. Nach unserer Ankunft klart der Himmel auf und wir machen unseren ersten Rundgang um das Dorf, bei dem wir reichlich Äpfel und Birnen einsammeln. Verschiedene Sorten Äpfel, wie man sie in den Geschäften gar nicht mehr bekommt. Und schmackhaft, mit der typischen Ausgewogenheit von süß und sauer.

Wir sind genau zum richtigen Zeitpunkt da. Das Wetter ist spätherbstlich milde; die Blätter verfärben sich täglich mehr, und wir sitzen tagsüber draußen; entweder im oberen Abschnitt oder im hinteren Teil des Grundstücks. Neben den Arbeiten auf dem Grundstück (Blätter entsorgen; Äste einsammeln; die Auffahrt kehren usw.) machen wir Wanderungen in der Umgebung. Täglich wandern wir; z.T. 2 bis 2 ½ Stunden: nach *Hömberg*; *Dausenau*; *Welschneudorf* oder ins *Tälchen*. Neuerdings suchen wir auch nach Steinpilzen, die es in diesem Jahr zahlreich gibt. Anschließend sitzen wir bei einem Glas Wein und lesen uns aus unseren Büchern vor. Manchmal sitzen wir auch einfach schweigend da und schauen auf die Farben des Mischwaldes. Ein fantastisches Naturschauspiel. Man wird ganz demütig, wenn man sieht, wie sich der Wald täglich verfärbt.

Wir genießen die Zeit in unserem Refugium sehr, diesem *Ort der Stille*.

*

Die ersten Zugvögel ziehen über *Zimmerschied* hinweg. Gleich mehrere Schwärme. In diesem Jahr fliegen sie so tief, dass wir deutlich das Flügelrauschen hören. Wir befürchten fast, sie könnten die Baumwipfel streifen. Ein unglaubliches Schauspiel. Man sieht und hört ganz deutlich ihre Schwingen, und wir wundern uns, wie groß die Tiere sind. Wie jedes Jahr schauen wir ihnen wehmütig nach und wünschen ihnen eine gute Reise. Mir fallen meine Gedichtzeilen ein:

Jetzt beginnen sie,
die Tage,
die überfließen vor Zeit:
die Tage des Lesens
und der Besinnung.

Habe einige neue Gedichte geschrieben und frühere überarbeitet. Ging mir gut von der Hand; ich brauche diese Atmosphäre; die Ruhe und die Anregungen durch eine immer wieder betörende Landschaft.

*

Über mehrere Tage beobachten wir einen Greifvogel, der in der Nähe sein Domizil hat. Er sitzt in den Tannen oder auf dem Friedhofszaun. Durch das Fernglas sieht man deutlich seine Konturen; z.B. eine weiße Halskrause. Dennoch gelingt ist uns nicht, seine Identität festzustellen; es könnte ein Sperber sein. Genaueres lässt sich aus unserem Vogelbuch nicht entnehmen.

*

Ich frage mich immer öfter, ob der moderne Mensch, der rastlos durch seinen Alltag hetzt und mehr und mehr von allen möglichen Medien abhängt, über die er sich informiert und die Welt wahrnimmt – zu einem tieferen Erleben der Natur, wie wir sie wahrnehmen, überhaupt noch einen Zugang finden kann. Man muss Naturerlebnisse suchen und sich in diese hineinversetzen; gewissermaßen meditieren und die Dinge ganz absichtslos betrachten, ohne einen Gedanken an Zwecke oder Nutzanwendungen. So, als würde man alles zum ersten Mal anschauen.

Beim Sonnenaufgang oder -untergang oder beim Blick in den abendlichen Sternenhimmel geht es nicht darum, ein *Postkartenidyll* anzuschauen; vielmehr muss man *erleben*, was mit einem selbst passiert, welche Daseins*erfahrung* man macht, welche *Gefühle von Demut* und *Geheimnis* in einem ausgelöst werden, so als habe man soeben seinen Standort in der Welt entdeckt. Auf diese Weise wird man sich seiner selbst auf ganz neue Weise bewusst – ganz anders als im trüben Licht der Schreibstube.

*

Ich lese z. Zt. *André Maurois: Von Proust bis Camus*. Das Buch hatte mir ein Freund vor über fünfzig Jahren geschenkt. Maurois weist darauf hin, dass es verschiedene Möglichkeiten gibt, sich an die Vergangenheit zu erinnern: etwa durch Denkarbeit oder indem man sich auf die Sichtung von Dokumenten stützt. Mir scheint, es gibt noch eine andere Möglichkeit: man ruft sich *Bilder von Dingen, die man erlebt hat,* wieder ins Gedächtnis. So wie ich es jetzt im Falle von Zimmerschied mache. Vieles, an das ich mich erinnere, sehe ich direkt vor mir. Bei der Lektüre des Essays über Camus sauge ich die folgenden Zeilen geradezu auf. Sie passen zu dem, woran ich mich jetzt erinnere. Ich wandle das Zitat nur ein wenig ab:

Unter der Morgensonne wiegt sich in der Ferne ein großes Glück. Hier verstehe ich, was man Herrlichkeit des Lebens nennt. Schaue ich mich um, umfängt mich jene seltsame Freude, die vom Himmel zu uns herabsteigt. Der Lufthauch ist kühl und der Himmel blau. Ich liebe dieses Leben hingebungsvoll und will frei davon sprechen: Es schenkt mir den Stolz meines Menschseins. Dabei ist mir oft gesagt worden, es bestehe kein Grund, stolz zu sein. Doch, es besteht ein Grund: diese Sonne, diese Natur, die Unendlichkeit der Landschaft, wo Zärtlichkeit und Herrlichkeit sich im Gelb und Blau begegnen.

*

Nach zwei sehr heißen Tagen ist es abgekühlt, und wir machen unsere so sehr ersehnte Waldwanderung Richtung *Dausenau*. Auf dem Rückweg sammeln wir Äpfel und Birnen auf. Dieses Jahr gibt es derart viele, dass einige Bäume kurz vor dem Zusammenbrechen sind.

Abends erleben wir ein *Glühwürmchen-Festival* von ungeheuren Ausmaßen. Etwa gegen 22.30 Uhr kommen sie aus allen Himmelsrichtungen; vor allem aus dem Unterholz. Solche Mengen an Glühwürmchen haben wir noch nie gesehen; es müssen Hunderte sein. Etwa eine halbe Stunde lang dauert das Ereignis. Man sitzt stumm dabei und staunt. Wo gibt es so etwas noch?

*

An einem der Tage treffen wir unsere Nachbarin *Uschi Schmidt,* deren Mann *Günter* vor einigen Wochen verstorben ist. Sie müsse jetzt lernen, allein klar zu kommen. Probleme habe sie, sich ohne Begleitung in ein Restaurant oder auch nur in ein Eiscafé zu setzen. Aber sie will ihr Leben neu justieren. Sie bedankt sich für unseren Brief zu Günters Tod, der sie wegen der persönlichen Ansprache getröstet habe. Und sie fragt, woran ich gerade schreibe. Daraufhin beschließe ich, ihr mein *Reisebuch* zu bringen. Sie freut sich sichtlich darüber.

Als ich mit Uschi Schmidt am Zaun stehe, erinnere ich mich an einen *Ostersamstag,* an dem es spontan zu einem lustigen Beisammensein kam. Es wurden Tische und Stühle im Hof aufgebaut, und immer mehr Leute kamen zusammen, brachten Getränke und Sachen zum Essen mit, die Stimmung war ausgelassen und fröhlich. Die Schmidts waren selbstverständlich dabei; Uschi, Günter, Anja, Stefan und Moritz; dann Klaus und Bianca; Stefan und Roswitha Born mit ihren Töchtern und noch einige andere. Allen gefiel es so gut, dass wir uns am nächsten Morgen zum Frühstück bei Klaus und Bianca auf der Terrasse erneut trafen, wo es gleich wieder hoch herging. So entstand auch spontan das Gedicht, das sicherlich noch alle kennen, die dabei waren; von dem ich aber leider nur noch folgende Zeilen kenne:

Wir saßen zusammen im Hof
Unter uns ein Philosoph
Er fragt stets nach des Lebens Sinn
Mittlerweile das Bier ist hin

Diese ungeplanten Zusammentreffen waren für uns immer die schönsten. So erinnere ich mich an einen *Karneval* in *Welschneudorf*. Eigentlich wollten wir nur den Zug anschauen. Dann aber trafen wir einige Leute aus dem Dorf, allen voran die *Gellners*, und gingen mit ihnen in die Kneipe, um bis zum nächsten Morgen zu feiern. Eine der wenige Karnevalsfeiern, die wir mitgemacht haben. *Wolfgang* und *Geli Gellner* fuhren mit uns zurück nach Zimmerschied. Wir versuchten im nächsten Jahr das Ganze noch einmal zu wiederholen, aber die Stimmung war nicht mehr dieselbe wie im Jahr zuvor.

Gerne erinnere ich mich an die Geburtstagsfeiern von *Klaus Breibach*, die einige Male in seiner Garage stattfanden. Hier trafen sich alle möglichen Leute, die man sonst selten sah: den *Schorsch; Karl (Kalle); Thomas; Michael; Achim, Rolf* und *Udo* aus *Hömberg; Patrick* aus *Oberelbert* und wie sie alle hießen. Dazu kamen einige der Kumpels von Klaus, die man vom Sehen her kannte. Es waren lustige Runden, wo gesungen und getanzt wurde – ja, und auch ein wenig getrunken.

*

Wieder allein in Zimmerschied. Sauge mich voll mit Eindrücken. Vor allem die wunderbaren Sonnenauf- und –untergänge sind es, die einen geradezu demütig machen. Dazu die Stille. Lese einige Gedichte, passend zur Jahreszeit. Keines passt so gut wie *Rilkes Herbsttag*:

Herr es ist Zeit
der Sommer war sehr groß.
Leg deinen Schatten auf die Sonnenuhren,
und auf den Fluren laß die Winde los ...
Wer jetzt kein Haus hat
baut sich keines mehr.
Wer jetzt allein ist, wird es lange bleiben,
wird wachen, lesen, lange Briefe schreiben
und wird in den Alleen hin und her unruhig
wandern,
wenn die Blätter treiben.

Zeilen wie diese spiegeln einem die eigenen Gemütszustände wider. In dieser Atmosphäre habe ich wieder Lust, Musik zu hören. Ich erinnere mich, wie ich zwischen zwei Saunagängen die Ouvertüren einiger *Wagner-Opern* mit einer Intensität hörte, die kaum auszuhalten war. Oder *Beethoven-Sonaten* und immer wieder *Schubert*.

Aber wir konnten hier auch ungeniert unsere Musik der 70er- und 80er Jahre hören: die *Stones, Elvis,* die *Beatles* und wie sie alle hießen. Und zwar in einer Lautstärke, die in der Kölner Wohnung unmöglich gewesen wäre. Hier störte es niemanden.

*

Wir verbringen die Tage meist in gewohnter Manier: morgens Lektüre, wozu auch die On-line-Ausgaben der großen Zeitungen gehören. Danach machen wir ausgedehnte Wanderungen und Fahrradtouren. Sobald die Sonne genügend wärmt, sitzen wir draußen und lesen; auch aus eigenen Büchern: diesmal ist es das *Reisebuch.* Auf diese Weise erleben wir unsere Reisen noch einmal und wundern uns, wie differenziert wir sie in unseren *Reisetagebüchern* festgehalten haben. Selbst Rezepte von einheimischen Gerichten sind dabei; z.B. von der *Cataplana,* einer portugiesischen Fischsuppe.

Als wir am letzten Tag unseres Aufenthalts noch einmal zum Südhang des Dorfes gehen, bietet sich uns ein grandioses Schauspiel: auf einem Mittelstreifen des Panoramas hat sich eine Nebelwand gebildet, die sich über den *Oberbach* bis hinunter zur *Lahn* zieht; darüber der klare, blaue Himmel, während die Sonne die ersten Farben in den Mischwald malt.

Auf den Obstwiesen sammeln Leute Früchte ein. Nachmittags dann das alljährliche Ritual: die *Zugvögel* fliegen gen Süden; rechtzeitig, bevor die Kälte einsetzt, die für morgen gemeldet wird.

*

Zu unserer Überraschung zeigt sich der Herbst noch einmal von seiner schönsten Seite. Wir hätten uns nach der langen Trockenheit nicht vorstellen können, wie schön sich in diesem Jahr der Wald verfärbt. Auch die wenigen Dörfler, die uns begegnen, schwärmen von den warmen Farben. Waren gestern mit der Kamera unterwegs und werden auch heute bei einer Wanderung wieder Fotos machen.

Auf dem Grundstück das Übliche: etwa 50 Körbe
mit Laub sind abzutragen. Aber in der guten Luft
ist das eher angenehm; wir nehmen es sportlich.
Gestern wurde der Heizkörper im Wintergarten
abmontiert; hat seinen Geist aufgegeben. In drei
Wochen gibt es einen neuen. Solange heizen wir
nur mit dem Ofen.

Koche uns eine Kürbissuppe vom Allerfeinsten;
mit folgenden Zutaten: Kürbis; Ingwer; Prise Salz;
Majoran; Curry; einen Schuss Sojasauce; 1 EL
Grand Marnier; 1 EL Ahornsirup; 1 EL Weingelee;
Gelis frische Gewürzmischung; 1 EL Frischkäse –
das Ganze anschließend im Mixer püriert.

*

Wegen des neuen Konvektors fahre ich allein nach Zimmerschied. Beim Brennholzschlagen entdecke ich im Holzstapel einen wundervoll gezeichneten und erstaunlich großen *Schmetterling*. Als ich einen Holzklotz bewege, rührt er sich nicht, so dass ich nicht sicher bin, ob er noch lebt. Als ich später nachsehe, ist er nicht mehr an seinem Platz. So überwintern also Schmetterlinge.

*

Auch der Winter hat seine Reize: Kommen bei schönem Winterwetter in *Zimmerschied* an. Wie gut, dass wir hier sein können. In *Köln* ist der Schnee sofort getaut, und von den Resten bleibt dreckiger Matsch auf Straßen und Wegen zurück. Hier ist alles weiß, geradezu unschuldig. Man regeneriert sich schnell. Sobald wir uns eingerichtet haben, machen wir eine mehr als zweistündige Schneewanderung zum *Bläser* und holen uns ein paar geräucherte Forellen. Abends gehen wir in die Sauna. Sich mit dem Schnee abzureiben, tut der Haut besonders gut. Danach gibt es eine *Fußreflexzonen-Massage* und ein Glas Wein. Weiterhin leichte Kost; eine zeitlang essen wir kein Fleisch, dafür viel Gemüse. Tagsüber diverse Tees. Seit wir fleischlos essen, haben wir ca. 2 kg abgenommen.

*

Unterhalte mich lange mit *Michael;* er ist seit kurzem *Ortsbürgermeister. Helga Schönborn,* die als erste Frau das Amt lange ausgeübt hatte, war nicht mehr zur Wahl angetreten. Sie hat sich um vieles gekümmert und einen guten Job gemacht.
Michael erzählt, dass er ohne den Rückhalt in der Bevölkerung den Posten nicht übernommen hätte. Er bringt alle Voraussetzungen dafür mit. Er ist *Betriebsrat* beim *Roten Kreuz;* kann argumentieren; ist ein geschickter Verhandler, was er bewiesen hat, als er bei der Verbandsgemeinde durchgesetzt hat, dass der Schulbus *Zimmerschied* anfährt. Er hat als Familienvater und Sanitäter ausreichende *Lebenserfahrungen* und *Sozialkompetenzen* – eine Eigenschaft, die vielen Politikern abgeht. Wir wollen bei Gelegenheit das Gespräch fortsetzen.

Nachmittags gehe ich runter zu unserem Nachbarn *Klaus Breibach.* Er hat Zeit, da er Urlaub hat, und wir setzen uns mit einer Flasche Bier in die Sonne und reden über alles Mögliche. Er hat sein Haus neu angestrichen; dreifarbig und sehr geschmackvoll. Klaus ist stets bestens informiert. Z.B. höre ich zum ersten Mal von der Erkrankung der *Fichten* als Folge der Hitze und der anhaltenden Trockenheit. Viele sind vom Borkenkäfer befallen und müssen abgeholzt werden. Da auch einige unserer Fichten bereits betroffen sind, rät er dazu, sie zeitnah fällen zu lassen. Und ich erfahre, dass die Reparatur der Straße zwischen *Welschneudorf* und *Hömberg* ansteht und wir ziemliche Umwege fahren müssen, um hier anzukommen. Nicht sehr angenehm;

aber die Straße war in einem erbärmlichen Zustand und müsste dringend erneuert werden. Später kommen die Frauen hinzu. und es wird ein munteres Beisammensein.

*

Gestern bei *Elias* vorbei geschaut. Abgesehen von einigen Einschränkungen geht es ihm gut. Sogar erstaunlich gut, wenn man bedenkt, dass er in Kürze 92 Jahre alt wird. Sofort holt er die neuesten Bilder hervor, die er in der letzten Zeit gemalt hat, und wir müssen uns eins davon auswählen, das er uns schenken möchte. Und dann erzählt er drauflos. Er ist geistig immer noch topfit und hat ein erstaunlich gutes Gedächtnis. Wir bleiben fast eine Stunde. Wir verabschieden uns herzlich; nehmen unser Bild und sind froh, ihn wiedergesehen zu haben.

*

Wir lesen täglich einige Gedichte und Poeme aus meinen *Selbstgesprächen*. Auch dieses Buch habe ich hier in Zimmerschied geschrieben, und viele Gedichte sind hier entstanden. Z.B. bin ich mit dem Fotoapparat und Diktiergerät durch die Gegend gelaufen und habe Texte direkt auf Band gesprochen. Ich bin erstaunt, was sich da angesammelt hat, das einem gar nicht mehr präsent ist. Kein Wunder. Das Buch ist zehn Jahre alt; die Gedichte teilweise erheblich älter. Einige stammen noch aus den 70er Jahren; z.B. die *Biographie der Dinge*. Ich habe die erste Fassung 1976 anlässlich unseres *Frankreich-Urlaubs* auf dem Bauernhof in der *Vendée* geschrieben. Damals wohnten wir noch in *Bremen*.

*

Wegen meines Bandscheibenvorfalls war ich sehr eingeschränkt. Ich musste viel Geduld haben. Jetzt sind wir zweimal unsere Laufstrecke gegangen; es ging ganz gut. Ich hatte zwar Schmerzen, aber keine Blockade mehr, wie vor einigen Tagen noch. Ich habe täglich mein Programm durchgezogen, und allmählich ist Land in Sicht.

*

Wir hatten ein sonnenreiches, schönes Wochenende zusammen. *Petra* musste zurück nach Köln. Jetzt kann sich jeder von uns wieder auf sich selbst konzentrieren. Morgens habe ich für eine Woche in *Nassau* eingekauft; die Erbsensuppe steht auf dem Herd, und so kann ich in Ruhe an meinen Texten arbeiten. Sehe meine Notizen im *schwarzen Arbeitsbuch* durch und habe erste Ideen, aber noch keinen festen Plan. Es ist seltsam: jetzt, wo ich mich wieder ganz aufs Schreiben konzentriere, wird mir alles zum *potentiellen Material*. Ich blättere in alten *Tagebüchern* und staune über die Vielfalt der darin enthaltenen Motive. Ich werde versuchen, sie von engen biographischen Bezügen zu befreien und aufs Allgemeine zu beziehen. Vieles, an das ich mich schon gar nicht mehr erinnert habe, kommt wieder zum Vorschein. So etwa ein Zitat von *Max Weber* über Kultur:

Kultur ist ein vom Standpunkt des Menschen aus mit Sinn und Bedeutung bedachter endlicher Ausschnitt aus der sinnlosen Unendlichkeit des Weltgeschehens. Eine Definition, die mit Gewicht daherkommt. Eine der Stärken Webers. Was kann man *literarisch* damit anfangen? Vielleicht dies: Es kommt darauf an, die *Banalität des Alltäglichen,* die *bedrückende Normalität der Welt* mit ihren Katastrophen und Zerstörungen so zu verarbeiten und zu transformieren, dass man einen kleinen Teil davon für den *literarischen Gebrauch abzweigt.* Es geht darum, ein winziges Bruchstück aus dem riesigen Angebot der verworrenen, unübersichtlichen Realität heraus zu destillieren, dessen *Sinn und Bedeutung* zu ergründen und literarisch zu formen. Dann wird daraus so etwas wie ein *privates Sinnstück.* Dieses Umformen oder Herausarbeiten wäre der *poetische Beitrag* des Schriftstellers zum Verständnis der ihn umgebenden Welt.

*

Fahre zurück nach *Köln,* weil mein Laptop streikt. Der Akku ist defekt, und das Bild verdunkelte sich, so dass man kaum noch etwas lesen konnte. Wäre gern noch geblieben, weil ich tief in der Arbeit steckte. Andrerseits freue ich mich, wieder in Köln

zu sein. Das Schöne am (freiwilligen) Getrenntsein
ist, das man sich wieder auf die gemeinsame Zeit
freut.

Nach einigen Tagen fahren wir zusammen zurück,
nachdem wir tags zuvor noch Wein eingekauft
haben. Wir installieren problemlos den neuen Lap-
top. Leider ist nun die Stromverbindung zur Sauna
defekt. Sind das Vorzeichen, dass hier so langsam
viele Dinge kaputt gehen?

*

Wir verbringen einen regnerischen Sonntag damit,
uns eine Sendung über den *Mittelrhein* anzusehen.
Imponierend, wie viele Leute sich um den Erhalt
der Landschaft, der Tierwelt und Kulturgüter
kümmern. Alles Enthusiasten, die man nur be-
wundern kann. Ohne sie ginge vieles zugrunde,
und man würde es wahrscheinlich noch nicht ein-
mal merken. Vor kurzem erst hatten wir im *SWF*
eine ähnliche Sendung über das von uns so gelieb-
te *Gelbachtal* gesehen; über all die Orte, die wir so
oft mit dem Fahrrad durchfahren haben. Derartige
Sendungen sollte man sich öfter anschauen – statt
der Überfülle an Krimis, mit denen wir regelrecht
zugeschüttet werden.

*

Machen eine *Autotour* über *Hübingen, Gackenbach* ins *Gelbachtal,* angeregt durch die Fernsehsendung vor einigen Tagen und natürlich, um die Ausblicke auf den *Westerwald* und *Taunus* zu genießen. Wir beschließen, einmal wieder Picknick auf dem Rastplatz oberhalb von Hübingen zu machen, da man von hier aus die ganze Landschaft überblicken kann.

*

Gestern Abend höre ich ganz in der Nähe die Rufe eines Käuzchens. Bei näherem Hinhören bemerke ich, dass es mindestens zwei sind. Sie scheinen sich gegenseitig zu verständigen. Dazwischen jeweils ein langgezogener, heller Laut. Vielleicht war es eine Party. Das Ganze dauert ca. eine Stunde; dann wechseln sie den Standort.

*

Arbeite sehr konzentriert an meinem Roman. Ich korrigiere, überarbeite und ergänze das Vorhandene. Eine Arbeit, die mich wie immer sehr anstrengt. Nach der Mittagsruhe wandere ich ca. eine Stunde in der Umgebung des Dorfes umher. Heute lag über der Lahn wieder einmal eine Nebelwand, die in Auflösung begriffen war. An den kahlen Ästen der Bäume hingen die Tropfen des Raureifs wie Glasperlen. Weit und breit keine Menschenseele.

*

Fahren zum Jahreswechsel bei herrlichem Winterwetter nach Zimmerschied. Nachdem wir uns eingerichtet haben, machen wir eine ausgedehnte Wanderung Richtung *Dausenau*. Wir genießen einmal mehr die Ruhe hier, nachdem es in *Köln* zunehmend hektischer wurde. Abends machen wir noch einen Rundgang durch das Dorf; besichtigen den großen *Tannenbaum am Gemeinschaftshaus* und vor allem den klaren Sternenhimmel mit Mondsichel. Immer wieder ein tolles Schauspiel.

Am Silvesterabend blieb es ruhig, da die Nachbarn allesamt ausgeflogen waren. Wir werden sehen, was das Neue Jahr bringt. Persönlich sind wir zuversichtlich; allgemein sind die Zeiten eher düster. Trotz allem werden wir uns einen schönen Silvestertag machen: es gibt Riesengarnelen; Wein und später Gänsekeulen. Und wir werden das alte Jahr Revue passieren lassen.

*

Am Neujahrstag besuchten wir *Elias* mit einer Flasche Rotwein, um aufs *Neue Jahr* anzustoßen. Er saß im Nachthemd auf dem Sofa und schaute fern. Sofort schaltete er den Apparat aus, und wir unterhielten uns munter. *Elias* schenkte uns einige *Kinderbilder*, die wir in *Köln* an die Kinder im Haus weitergeben wollen.

Bei unserem Rundgang am Nachmittag trafen wir
einige Leute aus dem Dorf: Unsere Nachbarn
Klaus, Bianca, Geli und *Wolfgang* mit *Enkelkind Cara;*
deren *Schwägerin Angelika, Sohn Christoph* und beide
Hafermanns.

*

Erster Wintermorgen. Wir sitzen und warten auf
den Sonnenaufgang. In den Bäumen spiegelt er
sich bereits, obwohl die Sonne selbst noch nicht zu
sehen ist. Sie geht hinter dem Haus der *Dame in
Weiß* auf. Der Rasen auf dem Friedhof ist in Rau-
reif getaucht. Alles ist ruhig, geradezu von einer
feierlichen Stille. Eine rotbraun gefärbte Katze
kommt die Auffahrt hinauf. Wir haben sie noch nie
hier oben gesehen. So ändert sich doch einiges,
obwohl man den Eindruck haben könnte, hier ste-
he die Zeit still.

*

Wegen der Corona-Krise haben wir kaum Sozial-
kontakte. Telefonieren mit unserer Nachbarin
Bianca, die sich in Quarantäne befindet. Wahr-
scheinlich hat sie „nur" eine Grippe; aber wer
weiß. Also auch hier: *Kontaktsperre.* Und das in un-
serem 100-Seelen-Dorf.

Das Grundstück ist übersät mit Ästen und Tan-
nenzweigen; eine Folge des Orkans *Sabine.* Die
Haustür schließt wieder. Wir sind sehr froh, hier

zu sein, auch wenn die Anfahrt wegen der Straßenbau-Maßnahmen beschwerlich ist. Wir mussten den Weg über *Bad Ems* und *Nassau* nehmen. Das wird auch in den nächsten Wochen noch so sein.

*

Das Schöne hier: man findet sofort zu sich. Wir hatten uns so sehr nach dem Gesang einer *Singdrossel* gesehnt, und siehe da: wie bestellt begrüßt sie uns. Es sind mindestens zwei in der Nähe. Der März ist jedes Jahr der Auftakt zu ihren unvergleichlichen Konzerten.

Jetzt werden wir erst einmal so lange wie möglich hier bleiben. Das ist auch deshalb so schwer einzuschätzen, weil es täglich neue Nachrichten von der Corona-Front gibt. Gestern hatte sich in *Köln* der Anstieg der Infektionen von einem Tag auf den anderen verdoppelt. Das klingt nicht sehr beruhigend.

*

Wir erfahren, dass *der Schorsch* gestorben ist. Heute – an seinem 82. Geburtstag – findet die Urnenbestattung statt. Wir hatten vor allem in der Anfangszeit häufiger Kontakt mit ihm. Spielten Skat in der Kneipe. Er, der gelernte Maurer, spielte ausgezeichnet. Seit es die Kneipe nicht mehr gibt, sah man sich nur noch selten; etwa beim Waldfest oder der Geburtstagsfeier von *Klaus Breibach*. Durch ei-

nen Zufall trafen wir ihn 2 Tage vor seinem Tod
beim REWE in *Nassau*.

*

Unsere ausführlichen Spaziergänge sind zu dieser
Jahreszeit ein sinnliches Vergnügen. Die Natur ist
im Aufbruch, und es ist jedes Jahr wieder ein klei-
nes Wunder, wie sich alles entwickelt. Auf dem
Grundstück sprießt das *Immergrün* mit den vielen
blauen Blüten. Die *Forsythie* steht in voller Pracht.
Die ersten *Bienen* und *Schmetterlinge* tauchen auf.
Und für die Vögel ist Paarungszeit; einige füttern
bereits. Wer glaubt, hier sei nichts los, irrt gewal-
tig. Alles ist voller Leben; man muss nur hinschau-
en und es wahrnehmen.

Nachmittags trinken wir im hinteren Teil unseres
Grundstücks einen Wein im Freien, bis sich der
Himmel nach dem Sonnenuntergang verfärbt. Je-
den Tag ein neues Schauspiel. Dass wir uns die
herrlichsten Sachen kochen (vom Eintopf bis zum
Wok) sei nur der Vollständigkeit halber erwähnt.
So lässt es sich hier aushalten. Hier spüren wir kei-
nerlei Einschränkung durch Corona; es ist eher wie
im Urlaub.

*

Heute wollen wir unsere *Holzaktion* beenden. *Ste-
fan Born* hatte uns einmal mehr bestens versorgt;

z.B. mit einer großen Plane, so dass das Holz auf der Wiese trocknen konnte. Gestern habe ich die baumdicken Rundstücke geviertelt. Gott sei Dank hat der Rücken mitgemacht. *Petra* hat das Holz gestapelt. Es klappte prima. Jetzt wird nur noch der Stapel von der Wiese rangekarrt, dann haben wir 5 Reihen Holz im Schuppen; das reicht für den nächsten Winter. Die körperliche Arbeit macht uns Spaß, und man hat ein gutes Gefühl dabei, wenn das Holz gebunkert ist.

*

Wir waren wieder einmal einkaufen. Es kam uns vor, als würden die Leute etwas gelassener mit Corona umgehen als noch vor Wochen. Nur vereinzelt wird noch gehamstert (Klopapier; Wasser). Vielleicht ein Gewöhnungseffekt; oder wir hatten einfach einen günstigen Zeitpunkt erwischt.

Petra kauft unsere Lebensmittel ein; ich die Getränke und Tiefkühlsachen. Als Innovation gibt es Weine aus der Region, vor allem aus dem *Rheingau* und *Rheinhessen*. Ich unterhalte mich mit dem Filialleiter *Pepler,* den ich jetzt auch schon über 30 Jahre kenne. Er berichtet mir, dass sie den Wein direkt vor Ort probieren und dann liefern lassen. Seine Frau verstehe viel vom Wein. Das können wir nur bestätigen. Gut, dass es diese Möglichkeit gibt. Vor Jahren haben wir noch selbst die Weingüter in der Region abgeklappert. Das war zwar jedes Mal interessant, aber auch ein wenig umständlich und anstrengend. Nachher gibt es die erste Weinprobe.

*

Wir umwandern nach längerer Zeit einmal wieder „unser" Tal. Herrlich der Blick auf die in der Ferne gelegenen Mittelgebirge. Der umliegende Wald in vollem Grün. Alles blüht. Überall summt es. Wir saugen alles auf, machen zwischendurch kurze Pausen, setzen uns auf eine geschützte Bank und schauen einfach nur. Viele Erinnerungen kommen mir. So an einen Sonntagmorgen im Sommer. Es dämmerte gerade. Alles war ruhig. Auf der Koppel einige Pferde, die zu galoppieren begannen, als wollten sie uns ihre ganze Lebensfreude demonstrieren. Danach standen sie dampfend im morgendlichen Nebel.
Und wie oft bin ich hier mit den Breibach-Hunden *Benny* und später *Nancy* gegangen. Die wilde Nancy riss sich eines Tages von der Leine los und trieb eine ganze Herde schottischer Rinder auseinander, die in ihrer Panik einige Weidenzäune umrissen, bevor ich Nancy wieder einfangen konnte.

Damals hat mich das Tal zu zwei kleineren Poemen inspiriert: *Tal im Frühling* und *Tal im Herbst*.

Tal im Frühjahr

Das Tal liegt
wie in Erwartung
der Horizont
im blass-blauen Dunst
Toscana-Landschaft

Büsche am Wegrand
bereits von einem
gelb-grünen Saum
umzogen
Vorboten des Frühlings

Verschreckt
fliegt eine Amsel auf
ein Dompfaff-Pärchen
badet in der Sonne
hingebungsvoll

Erste Käfer
kreuzen den Weg
ihr blau-schwarzer Panzer
glänzt opalgleich
warum nur heißen sie Mistkäfer

Schafe
friedlich grasend
wie in alt-testamentarischer Zeit
schauen sie drein
haben den Winter gut überstanden

Am anderen Ende des Tals
ein Geschwader weißer Wolken
hinter dem Hügel
tauchen immer neue auf
verweben sich zu kunstvollen Gebilden

Dunkler Tannenwald
vor tiefblauem Himmel
für einen Augenblick
ist es nahezu ruhig
aber die Stille lässt sich nicht festhalten

Am Himmel
kreuzen Fluglinien
Kondensstreifen in immer neuen
Konstellationen
bevor sie sich auflösen
und ins Nichts verschwinden

Auf der Anhöhe Passanten
gestikulierend und zu laut
Wortfetzen wehen herüber
das Rauschen des Bachs
übertönt sie allmählich

Ein schmaler Weg
führt zum Hügel hinauf
vor Jahren wurde er
von Wildschweinen umgepflügt
immer noch kaum zu begehen

Am Rande
die Abdrücke schwerer Arbeitsfahrzeuge
Reste der Abholzung liegen herum
Waldarbeiter von weither arbeiten im
Akkord
der Zustand des Waldes interessiert sie nicht

Auf der Pferdekoppel wenig Tiere
eines der Pferde steht abseits
blickt ins Leere
wie traurig und verlassen
Pferde schauen können

In der Nähe eine sonnenbeschienene Bank
Ort für einen kurzen Halt
noch einmal das Tal überblicken
in der Ferne Schichten einzelner Berghöhen

Alles scheint friedvoll
wie ein Bild aus ferner Zeit
für einen kurzen Augenblick
scheint die Welt still zu stehn
man möchte die Zeit anhalten

Doch Zeit und Raum
lassen sich nicht bannen
die Wahrnehmungen und Deutungen
lösen sich in ein Rauschen auf
die Worte hasten ihnen nach

Wie immer kommt die Sprache zu spät
Die Wörter verwehen mit dem ersten Lufthauch.

Es war eine Zwiesprache mit der Natur. Nicht
nur wir Menschen haben eine Seele, ein Wesen, ein
Antlitz; auch Tiere und Pflanzen haben sie. Davon
bin ich fest überzeugt, je länger ich sie beobachte.
Aber mir ist auch klar: wir wissen so erbärmlich
wenig von all den Dingen, die unseren Planeten
bevölkern. Oft kennen wir nicht einmal ihre Na-
men. Gedanken wie diese gehen mir durch den
Kopf. Was wäre, frage ich mich, wenn die Pflanzen
und Tiere dieser Welt uns etwas zu *sagen* hätten?
Wenn es möglich wäre, sich derart in sie hineinzu-
denken, dass sie zu uns zu sprechen beginnen?
Dieser Gedanke taucht in irgendeiner Form immer
wieder auf.

*

Tal im Herbst

Dunstschleier am Horizont
hin und wieder
blinzelt die Sonne hindurch
so als traute sie sich nicht so recht

Auf den Wiesen
das gemähte Gras
einsam ragt eine Blume
daraus empor

Daneben
die Feder eines Vogels
ein später Gruß
wehmütige Erinnerung

Allmählich
hellt sich der Himmel auf
an den Bäumen glänzen
üppig die roten Äpfel

Auch die Vogelbeeren
in leuchtendem Rot
die silbrigen Blätter der Pappel
zittern im leichten Wind

Die Sonne wärmt noch
recht angenehm
wie eine milde Gabe der Natur
für die süße Schwere des Weins

In den Büschen
wispern irritiert die Vögel
von weither weht
der schüchterne Gesang einer Amsel herüber

Am Wegesrand vereinzelt
Margeriten- und auch Malveninseln
auf dem Asphalt
liegen verstreut schwarz-glänzende Beeren

Goldammern
fliegen aufgeschreckt davon
zwei edle Pferde
aalen sich in der Mittagssonne

Der Holunder
steht prächtig in diesem Jahr
den späten Brombeeren
fehlt immer noch die letzte Süße

Von der Bank aus
noch einmal ein Blick
auf den buntgefärbten Wald
im Windhauch wiegen sich die Bäume

Immer mehr Blätter
taumeln der Erde entgegen
als wären sie willenlose Geschöpfe
von unsichtbaren Fäden geleitete Gliederpuppen

Nun werden bald die Zugvögel
in den Süden fliegen
Jahr für Jahr weniger
schon wieder?
Wie lange noch?

*

Beim Rundgang ums Dorf entdecken wir mitten im Feld einen Mann, der offenbar etwas sucht. Später begegnen wir ihm in seinem Jeep. Er hält an und berichtet, er sei Jagdaufseher und habe nachgeschaut, ob sich ein Rehkitz im Gelände befindet, bevor hier gemäht wird. Dann zeigt er uns auf dem Handy das Bild eines Rehkitzes, das er tags zuvor gerettet hatte.

*

Gestern zwei Stunden gewandert; einmal wieder den *HZ-Weg*. Der Wald sieht schlimm aus, wie nach einem Bombenangriff. Große Flächen sind abgeholzt worden. Überall Berge von gefällten Fichten. Es gibt einige Neupflanzungen, aber es wird Jahre dauern, bis der Wald sich erholt – wenn überhaupt.

Wir besichtigen die Baustelle für das neue Wasserwerk, das mehrere Orte der Umgebung versorgen soll. Ein sinnvolles Vorhaben. Gleichwohl kennen wir die Gegend kaum wieder, durch die wir so oft gewandert sind. Auf dem Rückweg verlaufen wir uns sogar. Eine bedrückende Erfahrung, die auch Andere gemacht haben, mit denen wir uns unterhalten; z.B. *Achim* aus *Hömberg*.

*

Gestern sind wir den alten Pfad am *Oberbach* gegangen; seit ca. 10 Jahren zum ersten Mal wieder. Überall umgestürzte Bäume, so dass wir Mühe haben, unseren Weg zu finden. Dabei stießen wir auf eine *Zaunkönig-Kolonie* mit lauter Jungvögeln. Sie scheinen sich hier in der Abgeschiedenheit wohl zu fühlen.

Abends steht ein *Reh* friedlich äsend auf unserer Auffahrt. Tags drauf zog eine *Ricke mit zwei Kleinen* seelenruhig an mir vorbei, obwohl ich nur wenige Meter entfernt saß. Sobald man sich still verhält, scheint es die Tiere nicht zu stören. Und täglich besuchen *Eichhörnchen* unsere Vogeltränke: *Drinkbaden*, wie sie im Niederländischen heißt, die wegen der anhaltenden Trockenheit ständig leer ist und nachgefüllt werden muss. Hier bedienen sich offenbar einige Tiere; z.B. auch unsere *Siebenschläfer*, die allerdings nicht mehr so zahlreich sind wie früher. In Spitzenzeiten hatten wir über zwanzig von ihnen auf dem Dachboden. Und zu guter Letzt fliegt ein *Schwarzspecht* dicht über uns hinweg; ihn bekommt man im Unterschied zu *Bunt- und Grünspechten* kaum noch zu sehen.

Und wir erfreuen uns täglich an den *Wildblumen* am Wegesrand, von denen es ständig neue gibt. Viele davon sind schöner als die, die man im Blumenladen bekommt. Man muss sie nur sehen!

*

Ich sitze draußen und beobachte das Treiben der *Jungvögel*. Die Alten geben die Signale, und die Jungen fliegen in die Büsche, hüpfen von Ast zu Ast und fliegen dicht über mich hinweg. Winzige Exemplare sind darunter. Dann setzt sich ein kleiner *Zaunkönig* direkt neben mich auf die Stuhllehne, schaut sich ganz gemächlich um und hüpft auf die gegenüber liegende Stuhllehne. Eine junge *Meise* stolziert so dicht an mir vorbei, dass sie mir fast über die Füße läuft.
Im hinteren Teil des Grundstücks ist ein *Gartenrotschwanz* wieder aufgetaucht; im letzten Jahr haben wir ihn erstmals wahrgenommen. Er sitzt immer an der gleichen Stelle auf dem Friedhofszaun und wippt mit dem Schwänzchen. Dann dreht er sich zur Seite, als wollte er uns seine ganze Schönheit präsentieren.

Noch eine Wahrnehmung: wir haben jede Menge *Bienen* und *Schmetterlinge* in unserem *Biotop*. Ich zähle zehn verschiedene Arten von Schmetterlingen. Wunderschöne sind darunter. Sie lieben offenbar dieses warme Wetter und sind überaus aktiv.

*

Ein schwerer Ast hat unser oberirdisches Telefonkabel zerrissen. Ursache: der letzte Orkan. Telefon und Internet sind betroffen. Es dauert eine Woche, bis ein Monteur im Auftrag der Telekom vorbeikommt und eine neue Leitung installiert. Jetzt sind wir wieder auf Sendung; aber man staunt, wie abhängig man inzwischen vom Internet ist.

*

Sorgen machen uns die Fichten auf dem Grundstück. Einige kleinere Bäume sind bereits arg beschädigt; *Klaus* meint, in einem halben Jahr seien auch die anderen dran, sich braun zu verfärben und abzusterben; wir müssten handeln. Auch *Herbert Hafermann* weist uns dezent auf den Zustand der Bäume hin. Aber was tun? Wir können hier nicht 50 - 70 Bäume, die teilweise 25 bis 30 m hoch sind, fällen lassen. Wer soll das machen? Das müssten schon Profis sein mit entsprechenden Geräten; aber alle Firmen sind im Moment anderweitig eingespannt.

Reden auch noch einmal mit *Michael* über das Baumsterben in der Gegend. Er erzählt, dass allein im Umfeld von Zimmerschied bereits 40 ha Wald gerodet worden sind und ebenso so viele noch ausstehen. Die Schädlinge würden mit der Zeit auch auf andere Baumarten übergreifen, nicht nur auf die Fichten. Die *Buchen* seien bereits betroffen. Man würde es an den gelichteten Baumkronen erkennen.

*

Wir überlegen hin und her, was zu tun ist. Uns bleibt nichts anderes übrig: Wir müssen eine Entscheidung treffen. Alle Überlegungen führen dazu, dass wir beschließen, Zimmerschied aufzugeben. Es ist ein schwerer Entschluss, der uns zu schaffen macht, aber es gibt keine Alternative dazu. Wir müssen uns klarmachen, dass es nie mehr die idyllische Gegend sein wird, die wir 33 Jahre lang genossen haben. Es ist jetzt der Zeitpunkt, dass wir uns von Zimmerschied trennen, bevor das Ganze buchstäblich uns über den Kopf wächst. Es bedurfte wohl eines derart einschneidenden Ereignisses, damit wir uns zu dieser Entscheidung durchringen konnten.

*

Wir informieren umgehend unsere Nachbarn *Klaus* und *Bianca*. Die Reaktion: Überraschung über die Plötzlichkeit der Entscheidung und auch Bestürzung. Klaus meint: *Wegen der paar Bäume müsst ihr doch nicht gehen!* Und Bianca: *Ihr gehört doch hierher.* Aber für uns ist die Entscheidung alternativlos, so

sehr sie uns auch schmerzt. Es brächte nichts, sie
weiter aufzuschieben.

Wir informieren auch *Wolfgang* und *Geli*, unsere
Vorbesitzer, und nach und nach alle, die wir un-
terwegs im Dorf treffen.

*

Heute Morgen gehen wir noch einmal auf den
Südhang und schauen in die weite *Mittelgebirgs-
landschaft* jenseits der geliebten *Lahn*. Ein letztes
Mal? Auf dem Rückweg treffen wir *Elias*, unseren
Künstlerfreund. Wir informieren ihn, dass wir
Zimmerschied verlassen. Es stimmt ihn traurig,
dass wir gehen. Aber er kann uns verstehen. Er
blickt uns wehmütig nach, der Alte. Am liebsten
würde er wohl mit uns kommen.

*

Es ist erstaunlich, wie die Leute im Dorf auf unse-
ren Abschied reagieren. Einige bieten uns an, dass
wir bei ihnen wohnen können, falls wir noch ein-
mal zu Besuch nach Zimmerschied kommen. Das
wundert uns schon, zumal wir zu Vielen keine in-
tensiven Kontakte hatten. Aber durch die lange
Zeit, die wir hier verbracht haben, gehörten wir
wohl tatsächlich irgendwie dazu.

*

Zimmerschied war ein wichtiger Bestandteil unseres Lebens. Nicht nur Zufluchtsstätte und Rückzugsort, um zu regenerieren, wenn berufliche Belastungen oder der Lärm und die Hektik Kölns wieder einmal überhandgenommen hatten. Es war auch der Ort, an dem wir völlig neue, in der Stadt nicht mögliche Naturerfahrungen machten. Hier erlebten wir bewusst den Wechsel der Jahreszeiten; das Leben der Tiere, und wir machten Wanderungen in die Umgebung, die unsere Wahrnehmung erweiterten. Gerade die Gänge durch den Wald, der unmittelbar an unser Haus angrenzte, hatte etwas Erhabenes. Das alles tat den Sinnen gut. Hinzukam die saubere Luft und das reine, weiche Wasser.

Dann die Stille und die Abgeschiedenheit. Schon nach kurzer Zeit gelang es uns hier abzuschalten. Wir machten einen Spaziergang oder setzten uns in die Sauna oder wir tranken ganz einfach einen Wein, um zur Besinnung zu kommen. Und man schlief hier besser. Ganz wichtig für mich war, dass ich hier konzentriert arbeiten konnte. Ich habe nahezu alle meine Texte in Zimmerschied geschrieben.

Was bleibt, ist die Erinnerung an eine Idylle, von der wir noch lange zehren werden, die aber unwiederbringlich verloren ist – wie ein fernes Paradies. Diese Erfahrung macht uns dankbar und demütig.

Angaben zum Autor

Joke Frerichs; Jahrgang 1945; Dr. rer. pol.; Studium der Philosophie, Soziologie, Politikwissenschaft und Germanistik.

Veröffentlichungen u.a.:
„Zugänge. Wie man aufwächst, so denkt man" (2005); „Begegnungen" (2007); „Selbstgespräche. Gedichte und Poeme" (2010); „Opas Welt. Erinnerungen an meinen Opa und meine Kindheit in Emden" (2011); „Die Mission", Roman (2011); „Einfach mal drauflos fahren – Episoden von Reisen" (2013, 2. Aufl. 2014); „Gespräch mit einem langen Schatten", Roman (2013); „Das Leuchten der Stille". Ausgewählte Gedichte (2014); „Das Haus des Dichters", Roman (2016); „Inside out. Die Welt lässt sich nicht umarmen", Journal der Jahre 2005-2015 (2016); „Die Schatten werden länger", Journal 2016 (2017); „Kontinuitäten und Brüche. Versuch einer Selbstbeschreibung" (2017); „Gegenblende", Journal 2017 (2018); „Flugsand", Journal 2018 (2019); „Intervalle", Journal 2019 (2020); „Farewell", Journal 2020 (2021); „Zeit der unverhofften Bilder", Roman (2020); „Gelebte Alltagskultur. Episoden aus dem Basil's" (2021); „Besuch beim Philosophen" (2022); „Hieronymus im Gehäuse. Der Dichter, sein Haus und sein Radio" (2022); „Schattenleben" (2022); „Fallobst" (2022);

„Zimmerschied. Eine Oase im Grünen" (2. Auflage, 2022).

Zusammen mit Klaus Frerichs: „Einer schreibt, einer malt. Zwei Brüder aus dem Emder Arbeitermilieu finden ihren Weg" (2017).

Zusammen mit Petra Frerichs: „Lesespuren. Notizen zur Literatur" (2011); „Leben braucht keine Begründung. Zum literarischen Werk von Dieter Wellershoff" (2012); „Literarische Entdeckungen. Vergessene und neu gelesene Texte" (2012, 2. Aufl. 2018); „Leben und Schreiben – was sonst? Ein Streifzug durch die Werkausgabe von Dieter Wellershoff" (2014); „Das Mysterium der Suche" (2014); „Dieter Wellershoff. Eine Begegnung der besonderen Art" (2019).

Beide schreiben für den *Blog der Republik*.

Weitere Informationen unter:
www.joke-frerichs.de